20世紀30年代中國金融危機的歷史考察

楊森 著

20世紀30年代的中國經濟，受到了西方資本主義經濟危機的影響，
發展緩慢。
而中國傳統的以白銀為主的貨幣制度混亂，
不利於金融和經濟的發展。
加之日本對於中國領土的侵略，不僅在主權上對中國進行控制，
並對中國的經濟產生了極大破壞，
中國的金融危機就是在這樣的經濟背景下發生的。

崧燁文化

摘　要

在人類經濟發展的歷史過程中，金融的發展如影隨形。金融已經滲透到了人們生活的方方面面，為人類提供著各種便利，並改善人們的生活。而金融危機則像夢魘一般，伴隨著金融的高速發展而頻繁爆發。所以，人們對於金融危機的關注也日益加強。

金融危機的發生，會有一系列的表現形式，我們可以比較直觀地看到金融危機的發生對經濟產生的損害。然而，什麼是金融危機？其產生的根源是什麼？如何治理金融危機或減少其造成的損害？這些都是亟待研究的問題。

20世紀30年代的中國經濟，因受到西方資本主義經濟危機的影響，發展緩慢。而中國傳統的以白銀為主的貨幣制度混亂，不利於金融和經濟的發展。加之日本對中國進行侵略，不僅在主權上對中國進行控制，還對中國的經濟進行了極大的破壞，中國的金融危機就是在這樣的經濟背景下發生的。在此期間，中國白銀大量外流，導致相當數量的銀行、錢莊相繼倒閉，物價奇低，利率高漲，農業接近崩潰，工商業極度蕭條。危機發生之後，銀錢業主動採取補救措施，政府充當最後貸款人角色，採取積極措施應對，最終平息了這場危機。

這次金融危機的發生，對中國金融和經濟的發展影響重大。它並不是簡單的各種矛盾的激化，而是解決各個矛盾的過程。金融危機當然對中國的經濟產生了破壞作用，但它對中國金融和經濟的發展也有很大的促進作用。這次金融危機終結了中國混亂的貨幣制度，確立了政府對金融的統制地位，促進了現代金融體系的建立。

本書通過對20世紀30年代中國發生的金融危機進行研究，分析其發生的複雜的經濟基礎、金融背景和政治因素，探究中國應對金融危機的措施，通過對比分析，探尋金融危機的本質，總結金融危機發生的規律，並尋求一定的啟示。

本書各章節的主要研究內容及筆者觀點如下：

第1章，介紹金融危機和相關理論，為下文研究20世紀30年代中國金融危機提供一定的理論依據。金融危機是一個逐步形成的概念，伴隨著金融業的發展而發展，經歷了經濟危機→貨幣信用危機→貨幣危機→金融危機的演變過程。而金融危機的根源，一是經濟週期波動；二是金融體系的內在脆弱性。經濟週期波動和金融體系的內在脆弱性使經濟生活中不斷產生並累積著爆發金融危機的能量。當這種能量積攢到一定程度時，就會發生金融危機。

第2章，通過分析20世紀30年代中國金融危機發生的歷史背景，總結出中國發生金融危機的原因，即內憂外患。首先，近代中國以白銀為主的紊亂的貨幣體系阻礙了中國經濟的發展。貨幣流通的混亂和發行的不統一，嚴重影響了中國金融體系的安全，並且不利於政府對貨幣進行管理，極易爆發貨幣危機。其次，世界資本主義經濟危機對中國的實體經濟產生了一定的影響。當時中國農村經濟凋敝、工商業衰落，加上對外貿易的入超，致使中國實體經濟衰敗，資金大量流入城市，進入金融體系，形成遊資。而中國的金融業由於遊資充斥，並沒有良好的投資方向，投資者們遂將資金大量投入公債、標金、地產等項目進行投機。投機盛行而產生的經濟泡沫一旦破滅，金融危機便隨之而來。金融業的發展不以實體經濟為基礎，就像空中樓閣一般，終將崩塌。最後，西方資本主義國家對於中國經濟上的控制，以及日本對中國的侵略，阻礙了中國經濟金融的發展。

第3章，描述20世紀30年代中國發生金融危機的過程。美國的白銀政策是這次金融危機的導火索。美國為了防止西方資本主義經濟危機使本國經濟衰退，實施收購白銀的白銀政策，導致世界銀價不斷提高。而白銀價格的提高對於以白銀為貨幣的中國來講，卻是一場災難。它導致中國白銀大量外流，白銀的購買力大幅提高，物價奇低、利率高漲，造成中國嚴重的通貨緊縮。期間，相當數量的銀行、錢莊等金融機構倒閉。同時，匯率的提高對中國的對外貿易產生了很大影響。金融危機的發生，又對中國的實體經濟產生了嚴重的影響，農業危機進一步加深，鄉村手工業崩潰，工商業蕭條。中國作為世界經濟體系的一員，並沒有在西方資本主義世界爆發經濟危機的時候發生金融危機，而是滯後發生的，其主要原因就在於中國以白銀為主的貨幣制度。

第4章，介紹了國民政府在金融危機前對金融統制的積極準備和金融危機發生後的應對措施。近代中國金融業落後，貨幣體系紊亂，金融體系不健全，中央銀行難以履行其對金融調控的職責。國民政府通過統一貨幣發行權、統一貨幣種類，逐步確立了中央銀行的地位，並在金融危機發生後，積極充當最後貸款人，通過金融和行政手段進行危機治理，最後通過法幣改革，建立了較為穩定的貨幣體系，逐步化解了金融危機。

第 5 章，通過對近代中國 5 次金融危機的對比分析，總結中國近代金融危機發生的共性和規律，更深刻地理解金融危機的本質。中國近代先後發生了 5 次比較有代表意義的金融危機，每次危機各具特點，但也有一定的共性。金融危機發生的外部性、理性問題、過度投機以及金融危機的國際傳導都是金融危機的明顯特徵。

　　第 6 章，通過上述幾章的分析，筆者得出幾點結論：20 世紀 30 年代，中國金融危機的爆發是內外因共同促成的；國家主權問題關乎金融業的發展；金融的發展離不開實體經濟的發展；貨幣制度的穩定有利於金融的發展；金融監管的完善有利於金融危機的預防。

關鍵詞： 20 世紀 30 年代　中國金融危機　經濟危機

目　錄

導論 / 1

　　一、選題的理論意義與實際意義 / 1

　　二、相關研究綜述 / 2

　　三、研究方法與創新之處 / 11

　　四、研究目標與論文結構 / 12

第一章　金融危機和相關理論 / 15

第一節　金融危機的概念 / 15

　　一、經濟危機與金融危機 / 15

　　二、貨幣信用危機和金融危機 / 16

　　三、貨幣危機和金融危機 / 16

　　四、金融危機 / 16

第二節　經濟週期和金融危機 / 17

　　一、馬克思經濟週期和經濟危機理論 / 17

　　二、凱恩斯的經濟週期和經濟危機理論 / 18

　　三、伴隨經濟危機爆發的金融危機 / 19

第三節　金融體系的內在不穩定性和金融危機 / 20

　　一、海曼・明斯基的「金融不穩定假說」 / 20

　　二、金德爾伯格的金融危機理論 / 21

第四節　金融危機的生成機理 / 24

一、金融機構運行機制存在的缺陷 / 24

二、金融市場機制的負面效應 / 26

三、國際金融體系的內在脆弱性 / 28

第二章　20世紀30年代中國金融危機的歷史背景 / 30

第一節　近代中國以白銀為主的紊亂的貨幣體系 / 30

一、銀兩制度的發展 / 30

二、銀元的開鑄 / 31

三、紙幣制度的發展 / 32

四、近代中國幣制及其流通的紊亂 / 34

第二節　中國金融危機爆發前的中國經濟 / 35

一、中國農村經濟凋敝 / 36

二、中國工商業衰落 / 40

三、中國對外貿易的入超 / 41

第三節　畸形發展的中國金融業 / 45

一、都市金融業遊資充斥 / 46

二、都市金融業投機盛行 / 50

第四節　弱勢外交與中日矛盾的白熱化 / 57

一、資本主義國家對於中國經濟的控制 / 57

二、日本對中國的侵略 / 66

第三章　20世紀30代中國金融危機的爆發 / 69

第一節　美國的白銀政策拉開了中國金融危機的序幕 / 69

一、美國的白銀政策將危機轉嫁至中國 / 69

二、世界銀價上漲導致中國白銀大量外流 / 74

三、白銀購買力提高，導致物價跌落和匯率上升 / 81

四、白銀外流導致銀根緊縮 / 85

　　五、銀行、錢莊等金融機構的倒閉風潮 / 86

第二節　金融危機對國民經濟的影響 / 90

　　一、農業危機進一步加深 / 90

　　二、鄉村手工業崩潰 / 95

　　三、民族工業日益凋敝 / 96

　　四、商業日益蕭條 / 98

第三節　中國金融危機滯後於世界經濟危機的原因 / 101

第四章　金融危機前後政府的金融措施 / 103

第一節　金融危機前政府實施全國性金融統制 / 103

　　一、籌建中央銀行 / 104

　　二、限制和取締地方銀行、商業行莊發行紙幣 / 105

　　三、「廢兩改元」的成功實施 / 106

第二節　金融危機發生後國民政府的金融措施 / 113

　　一、控制白銀外流 / 113

　　二、應對通貨緊縮 / 116

　　三、加強對銀行、錢莊的管理與監督 / 118

　　四、尋求英美幫助的種種努力 / 119

　　五、法幣改革政策的出抬 / 120

第五章　中國近代五次金融危機對比分析 / 124

第一節　近代五次金融危機簡述 / 124

　　一、1883 年金融危機——「股票風潮」/ 124

　　二、1897 年金融危機——「上海貼票風潮」/ 127

　　三、1910 年金融危機——「上海橡膠股票風潮」/ 128

　　四、1921 年金融危機——「信交風潮」/ 129

五、1935年金融危機——「白銀風潮」/ 131

第二節　五次金融危機的共性分析 / 132

　　一、金融危機爆發的一般外部因素 / 132

　　二、個人理性與市場非理性並存 / 133

　　三、投機盛行是金融危機的溫床 / 134

　　四、金融危機與外國經濟的聯繫更加緊密 / 136

第六章　結論與啟示 / 138

　　一、內外因素促成20世紀30年代的中國金融危機 / 138

　　二、國家主權完整是金融業發展的前提條件 / 139

　　三、貨幣制度穩定和金融發展密切相關 / 139

　　四、實體經濟的發展是金融業健康發展的基石 / 140

　　五、完善的監管可以防範金融危機 / 141

參考文獻 / 145

導　論

一、選題的理論意義與實際意義

隨著現代經濟的發展，金融在人們的經濟生活中越來越成為一個重要的範疇，虛擬經濟和實體經濟都像章魚的觸角一樣涉及社會生活的方方面面。翻開 20 世紀的經濟發展史，金融危機如影隨形，就像幽靈一樣伴隨經濟發展的全過程，留給了經濟學家無盡的思索。金融危機的發生如此頻繁，而人們對於金融危機的系統研究卻顯得相對薄弱。

金融危機的發生有複雜的經濟基礎、金融背景和政治因素。金融危機的發生預示著一種舊的經濟增長模式的結束和新的經濟增長模式的產生。

中國近代先後發生過 5 次金融危機，而 20 世紀 30 年代的金融危機是其中最有代表性的，也是最複雜的。20 世紀 30 年代中國金融危機發生在資本主義國家經濟危機之後，中國經濟與世界經濟體系聯繫密切，金融危機的發生與西方經濟危機的關係如何？中國當時以白銀為主的紊亂的貨幣體系，對於金融危機的發生有何影響？金融危機發生前後，中國金融業有何發展？國民政府如何應對金融危機？這些都是值得研究的問題。因此，系統、全面地對 20 世紀 30 年代中國金融危機進行研究是很有必要的。並且，在研究過程中，只有將金融理論、經濟理論和史料相結合進行分析，才能正確地解答上述問題，並更深刻地認識金融危機的本質，總結金融危機發生的規律。

目前為止，中國學術界對於 20 世紀 30 年代中國金融危機的研究多是以其中的一個問題為研究對象，如金融危機發生的原因、金融危機與世界資本主義經濟危機的關係、美國白銀政策與金融危機的關係以及法幣改革等。對 20 世紀 30 年代中國金融危機進行的研究，大多只是較為簡單的描述性研究，且多以「白銀風潮」為研究對象，只從貨幣角度進行分析。中國學術界專門以 1935 年金融危機為研究對象，並對其發生的原因、過程、危害、治理以及相關規律進行研究的總體性的論著和論文迄今未見。20 世紀 30 年代中國金融危

機是中國近代金融史上一次非常重要的事件，對其進行系統、全方位的研究將彌補學術界在這方面研究的不足。

20世紀30年代的中國金融危機，其發生絕非偶然，它既有自己的特點，也遵循金融危機發生的規律。這次金融危機的發生，是由多種因素共同促成的，既有國際金融危機的傳導，又有中國國內的經濟金融問題。金融危機發生後，金融業積極採取措施進行治理，政府也運用行政和金融手段進行干預，最終平息了這場風波。當代金融危機的發生更為複雜，對中國20世紀30年代金融危機的系統研究，有利於我們更深入地瞭解金融危機，從而總結經驗規律，對當代金融危機的預防和治理提供一些啟示。

綜上所述，本書的選題具有一定的理論意義和現實意義，值得展開研究。

二、相關研究綜述

（一）史料

資料的挖掘、累積、整理是開展金融史研究的基礎條件。對於金融危機的研究，首先要對近代金融業的整體發展進行研究，而金融機構是構成金融體系的細胞，在中國近代，其主要的形式為銀行及錢莊等。

中華人民共和國成立之初，有關金融史資料的出版已經開始起步並漸成規模，對所取得的資料的收集、整理與出版尚未自成體系，嚴中平等編著的《中國近代經濟史統計資料選輯》（科學出版社1955年版）是當時中國近代經濟史研究中不可多得的資料，其中關於對外貿易、工業、農業等相關數據的記錄有助於對當時中國經濟情況進行研究。

20世紀80年代以來，有關中國近代金融史料的出版漸成體系，既有多種貨幣史、銀行史資料專書，又有散見於各種專史資料匯編的金融史資料，將資料的「富礦」呈現在金融史的研究者面前。中國人民銀行總行參事室先後編輯了兩輯《中華民國貨幣史資料》（上海人民出版社1986年版、1991年版），其中第二輯中有許多涉及南京國民政府對於金融危機的應對措施的重要資料。中國第二歷史檔案館等編輯的《中華民國金融法規檔案資料選編》（上、下兩冊，檔案出版社1990年版）較為全面地輯錄了中華民國時期的金融法規，是研究近代金融制度史的工具書。財政部財政科學研究所與中國第二歷史檔案館合編的《國民政府財政金融稅收檔案史料》（中國財政經濟出版社1997年版）也輯入了相當部分的金融史資料，其中包括貨幣制度改革的政策法案及相關數據，還有金融機構的相關數據。中國第二歷史檔案館編輯的《中華民國史檔案資料匯編》第一至五輯（江蘇古籍出版社分年出版）中的財政金融卷，也

收錄了相當部分的金融法規、財政部通告和其他類別的金融史相關資料。

在金融機構相關史料的出版方面，一大批銀行史資料集陸續問世，包括中國人民銀行金融研究所編的《中國農民銀行》（中國財政經濟出版社 1980 年版）、中國人民銀行上海市分行金融研究室編的《金城銀行史料》（上海人民出版社 1983 年版）、《武漢金融志》編寫委員會辦公室和中國人民銀行武漢分行金融研究所編印的《武漢銀行史料》（1985 年版）、中國人民銀行上海市分行金融研究所編的《上海商業儲蓄銀行史料》（上海人民出版社 1990 年版）、中國銀行總行與中國第二歷史檔案館合編的《中國銀行行史資料匯編（上編 1912—1949）》（檔案出版社 1991 年版）、交通銀行總行和中國第二歷史檔案館合編的《交通銀行史料（第一卷 1907—1949）》（檔案出版社 1991 年版）、謝俊美所編的《中國通商銀行（盛宣懷檔案資料選輯之五）》（上海人民出版社 2000 年版）、洪葭管主編的《中央銀行史料》（中國金融出版社 2005 年版）等。四聯總處是戰時的金融機構，重慶市檔案館和重慶市人民銀行金融研究所合編《四聯總處史料》（檔案出版社 1993 年版），中國第二歷史檔案館編輯《四聯總處會議錄》（共 64 冊，廣西師範大學出版社 2003 年版），內容包括 1943 年 12 月至 1944 年 2 月中中交農四行（即中央、中國、交通、農民銀行）聯合辦事總處理事會的會議資料，涉及會議日程、會議記錄、附件等，記述了全體理事會和臨時理事會會議的召集情況及會議經過。在交易所的資料方面，上海市檔案館編寫《舊上海的證券交易所》（上海古籍出版社 1992 年版），金融史編委會編寫《舊中國交易所股票金融市場資料匯編》（書目文獻出版社 1995 年版）。中國人民銀行北京市分行金融研究所和《北京金融志》編委會辦公室編印的《北京金融史料》（1995 年出版）共 12 冊，有 10 冊為各銀行的簡史及資料。

在外商銀行資料方面，中國人民銀行金融研究所編寫了《美國花旗銀行在華史料》（中國金融出版社 1990 年版），中國人民銀行金融研究所和吉林省金融研究所合編了《日本橫濱正金銀行在華史料》（傅文齡主編，中國金融出版社 1992 年版）。在偽政權銀行方面，吉林省金融研究所編寫了《偽滿洲中央銀行史料》（吉林人民出版社 1984 年版）。

在傳統金融機構的史料方面，有上海人民出版社於 1978 年再版了中國人民銀行上海市分行所編寫的《上海錢莊史料》（曾由上海人民出版社於 1960 年出版），《武漢金融志》編寫委員會辦公室和中國人民銀行武漢分行金融研究所編印了《武漢錢莊史料》（1985 年版），中國銀行泉州分行行史編委會編寫了《泉州僑批業史料 1871—1976》（李良溪主編，廈門大學出版社 1994 年

版)，中國人民銀行山西省分行和山西財經學院編寫了《山西票號史料》（黃鑒暉主編，山西經濟出版社2002年版）。

此外，還有一批民國時期的金融史著述得以再版，成為中國近代金融史研究中的珍貴資料，給金融史工作者的研究帶來了極大的方便。叢書編委會編寫的《民國小叢書：中國貨幣史銀行史卷》（書目文獻出版社1996年）是一批珍貴的金融史資料的影印本，共4冊。叢書編委會編輯的《民國叢書》（上海書店1989年版）第一編至第五編（每編百冊，共500冊）共收書1,126種，主要收錄了中華民國時期中國境內出版的中文圖書，還酌情選收了同時期國外出版的中文圖書，該叢書共分11大類，第4大類為經濟，其中包括不少民國時期的金融史專著，如楊蔭溥著的《楊著中國金融論》（據黎明書局1930年版影印，《民國叢書》第三編33冊）、朱斯煌著的《銀行經營論》（據商務印書館1936年版影印，《民國叢書》第三編34冊）等。

臺灣學者卓遵宏編著的《抗戰前十年貨幣史資料（1927—1937）》（臺北國史館1985年印）中國近代金融史資料集，主要整理了1927—1937年有關幣制改革和白銀危機等方面的史料。臺北文海出版社印行的《近代中國史料叢刊》正續三編中也有不少與金融史有關的內容，如郭榮生所編的《中國省銀行史略》（續編第十九輯，第190冊）、徐滄水編寫的《上海銀行公會事業史》（三編第二十四輯，第238冊）等。此套叢書與《民國叢書》所輯入再版影印的民國時期的金融史著述有部分相同。楊蔭溥等編的《中國之銀行史料三種》由文海出版社再版（文海出版社1972年版）。

除出版的專著外，一些檔案類的期刊，如《歷史檔案》《民國檔案》《檔案與史學》等，也相繼刊登過有關金融史研究的檔案選，對研究者在資料的選取與查閱中起到了提綱挈領的作用。如《滬蘇兩地「廢兩改元」檔案資料選（1932—1934年）》（雪華、沈慧瑛選編，《民國檔案》1987年第4期）、《舊中國外商銀行調查資料》（《檔案與史學》2003年第6期）等。丁進軍總結了《歷史檔案》2006年之前所刊發的有關貨幣金融史料的提要。

在金融史資料的索引方面，俞兆鵬編寫了《中國貨幣金融史論著索引（1900—1993）》（新華出版社2000年版）一書，本書分論文索引和著作索引兩大部分，收錄1900年至1993年間發表的有關先秦至1949年中華人民共和國成立前後中國貨幣金融史研究的論文和著作。

(二) 論著

近代學術界關於金融問題較為集中的研究應該始於民國時期。民國時期的一些學者、金融機構工作人員和政府工作人員對於當時中國的金融的發展、金

融業面臨的問題、貨幣制度以及貨幣改革等進行時政研究並出版專著。主要成果如邵金鐸的《銀價之研究》(學術研究會叢書部 1921 年版)、黃元彬的《銀問題》(廣東圖書消費合作社 1931 年版)、褚輔成的《貨幣革命十講》(上海法學院 1934 年版)、劉振東的《中國幣制改造問題與有限銀本位制》(上海商務印書館 1934 年版)、谷春帆的《銀價變遷與中國》(商務印書館 1935 年版)、吳小甫的《中國貨幣問題叢論》(上海光明書局 1936 年版)、張素民的《白銀問題與中國幣制》(上海商務印書館 1936 年版)、趙蘭坪的《現代幣制論》(上海商務印書館 1936 年版)、林維英的《中國之新貨幣制度》(商務印書館 1939 年版) 等。

中華人民共和國成立後，隨著金融業的不斷發展，學術界對於近代金融問題的研究逐漸增多，尤其是 20 世紀 80 年代後，金融危機的爆發更加頻繁，針對金融危機的研究越來越多，其中不乏涉及近代金融危機的研究，通過對歷史上金融危機的研究，從而對當今起到啟示作用。中國及外國出版了涉及 1935 年金融危機研究的論著近 50 部。

1. 對中國近代金融、貨幣沿革史的研究

這類著作一般是按照時間順序對中國金融的發展進行敘述，其中有關於近代金融危機的分析。但是由於內容龐雜，其對金融危機的問題只是簡單的涉及，缺乏深入的分析和研究。如《中國金融史》編寫組編著的《中國金融史》(西南財經大學出版社 1993 年版)，桑潤生編著的《簡明近代金融史》(立信會計出版社 1995 年版)，《中國近代金融史》編寫組編著的《中國近代金融史》(中國金融出版社 2009 年版)，洪葭管主編的《金融話舊》(中國金融出版社 2009 年版) 和《中國金融史十六講》(上海人民出版社 1991 年版)，李飛等主編的《中國金融通史》[①] 系列圖書 (中國金融出版社)。此外，一些經濟史著作也都涉及近代中國金融業問題。如汪敬虞主編的《中國近代經濟史 (1895—1927)》(人民出版社 2012 年版)，許滌新、吳承明主編的《中國資本主義發展史》(社會科學文獻出版社 2007 年版)，趙德馨著的《中國近現代經濟史》(河南人民出版社 2003 年版)，朱伯康、施正康主編的《中國經濟史 (下)》(復旦大學出版社 2005 年版) 等。

自 20 世紀 80 年代初到 20 世紀末，雖然中國近代金融史的研究成果日益豐富，有諸多亮點，但學者一直都在期待一部通古今、涵蓋廣、分量重、耳目

---

① 《中國金融通史》是一部系統地闡述中國自古到今金融活動及其規律性的專業通史，共 6 卷，由中國金融出版社出版。第 3 卷為北洋政府時期，由杜恂誠著；第 4 卷為南京國民政府時期，由洪葭管著。

新的金融通史問世。在一些關於經濟史的巨著中,如許滌新主編的《中國資本主義發展史》(人民出版社 2003 年版、2005 年版,社會科學文獻出版社 2007 年再版)、嚴中平主編的《中國近代經濟史(1840—1894)》(人民出版社 1989 年版,2001 年再版)、汪敬虞主編的《中國近代經濟史(1895—1927)》(人民出版社 2000 年版,經濟管理出版社 2007 年版)等,都可以略窺中國近代金融業發展的概況,但總讓人有不夠盡興之感,也表明中國近代金融史作為一門專史,其研究發展道路仍在探索之中。

同時,自 20 世紀 80 年代至今,不斷有學者編寫簡明的中國金融簡史(包括近代部分)或中國近代金融簡史,也是專史學者們的心血之作,有石毓符的《中國貨幣金融史略》(天津人民出版社 1984 年版)、盛慕杰、於濤主編的《中國近代金融史》(中國金融出版社 1985 年版)、卜祥瑞、卜祥信主編的《簡明中國金融史》(吉林大學出版社 1990 年版)、羅吉義主編的《中國金融史》(雲南人民出版社 1994 年版)、桑潤生的《簡明中國近代金融史》(立信會計出版社 1995 年版)、董孟雄編著的《中國近代財政史·金融史》(雲南大學出版社 2000 年版)、葉世昌和潘連貴編寫的《中國古近代金融史》(復旦大學出版社 2001 年版)、袁遠福、繆明楊編著的《中國金融簡史》(中國金融出版社 2001 年版)、洪葭管編寫的《中國金融史》(西南財經大學出版社 2001 年版)、袁遠福主編的《中國金融簡史》(中國金融出版社 2005 年版)、戴建兵、陳曉榮編著的《中國貨幣金融史》(河北教育出版社 2006 年版)、姚遂主編的《中國金融史》(高等教育出版社 2007 年版)等。此外,中國人民銀行總行金融研究所編著的《近代中國金融業管理》(人民出版社 1990 年版)以經營管理為主題,分別介紹了中國近代金融業在組織管理、業務管理等方面的典型經驗,也簡述了中國近代金融機構的發展變遷;詹玉榮著的《中國農村金融史》(北京農業大學出版社 1991 年版)和徐唐齡著的《中國農村金融史略》(中國金融出版社 1996 年版),從農業經濟史、農村金融史的雙重角度對近代中國農村金融的發展及性質等做了分析和論述。

自 20 世紀末始,金融史界人士開始籌劃編輯 1 部多卷本的《中國金融通史》,經過編委會諸位成員的多方努力,各卷已在 21 世初的數年間陸續出版問世。由李飛、趙海寬、許樹信、洪葭管主編的《中國金融通史》為 6 卷本,由中國金融出版社分年出版,其中第三卷為北洋政策時期(杜恂誠著,2002 年出版),第四卷為國民政府時期(洪葭管著,2008 年出版),這兩卷涉及金融危機的內容。《中國金融通史》每一卷本的編著者均為中國金融史學界泰門級的專家,他們合著的這部金融通史是迄今為止最為全面地敘述中國金融發展

史的鴻篇巨著，是展現祖國自古迄今金融演進與制度變遷的專業通史。

陳明光編《錢莊史》（上海文藝出版社 1997 年版）描述了錢莊的起源，並對錢莊的組織和人事以及經營特色進行了分析，其中有一章專門論述錢莊和金融風潮。劉忠所著的《銀行秘事》（中共黨史出版 2008 年版）介紹了中國銀行、中國通商銀行、交通銀行、金城銀行等銀行的一些事件，有利於對當時的金融情況進行瞭解。李一翔所著的《近代中國銀行與錢莊關係研究》（學林出版社 2005 年版），認為近代中國銀行和錢莊的關係在抗日戰爭前既相互合作、支持又相互競爭和排斥。在發生金融危機的過程中，錢莊因其經營機制受到了很大的創傷，雖然在政府和銀行的救濟下艱難度過危機，但是錢莊也失去了昔日的地位，淪落為政府和銀行的附庸。王玉德、鄭清、付玉所著的《招商局與中國金融業》（浙江大學出版社 2013 年版）論述了招商局的發展和中國金融業發展的相互關係。

戴建兵的《白銀與中國近代經濟（1890—1935）》（復旦大學出版社 2005 年版）將近代中國的貨幣制度總結為「白銀核心型貨幣體系」，介紹了中國近代貨幣制度的發展，以白銀為切入點，分析了以白銀為核心的貨幣體系與中國經濟的關係，並且介紹和分析了 1928—1935 年白銀價格變動產生的金融風潮。梅遠謀著、張衛寧譯的《中國的貨幣危機——論 1935 年 11 月 4 日的貨幣改革》（西南財經大學出版社 1994 年版）分析了中國貨幣危機爆發的原因並論述了貨幣改革的過程和結果。

2. 近代金融業與國民政府的關係

賀水金《1927—1952 年中國金融與財政問題研究》（上海社會科學院出版社 2009 年版）總結了近代貨幣紊亂的特徵，肯定了「廢兩改元」和法幣政策的積極影響，並分析了國際資本流動、匯率變動對於中國經濟的影響。吳景平主編的《上海金融業與國民政府關係研究 1927—1937》（上海財經大學出版社 2002 年版）和（美）小科布爾著，楊希孟、武蓮珍譯的《上海資本家與國民政府 1927—1937》（中國社會科學出版社 1988 年版）分析了上海金融業、資本家和國民政府的關係。

姚會元《中國貨幣銀行》（武漢測繪科技大學出版社 1993 年版）描述了中國近代混亂的幣制，客觀評價了法幣改革的利弊。本書認為法幣政策的實施基本上終止了中國幣制和貨幣流通的混亂狀態，有利於對外貿易和金融業的發展，並在短期內促進了經濟發展。但是法幣政策具有一定的掠奪性和壟斷性，成為了國民政府壟斷中國金融的工具。黃逸峰等著《舊中國民族資產階級》（江蘇古籍出版社 1990 年版），認為民族資本成為帝國主義轉嫁經濟危機的對

象和國民黨官僚資本的附庸,「白銀風潮」的發生與中國經濟危機的發生是民族資本受到帝國主義和官僚資本主義的雙重壓迫的必然結果。

(三) 專題研究

國內學術界專門以 1935 年金融危機為研究對象,並對其發生的原因、過程、危害、治理以及相關規律進行分析的總體性的論著和論文迄今未見。

早在民國時期,許多學者、政府經濟部門與金融機構的工作人員就對當時爆發金融危機的原因、治理以及當時的貨幣管理政策、貨幣本位與改革方向等問題分別進行過研究與探討。其成果大部分發表於《大公報》《東方雜誌》《交行通信》《銀行周報》《申報》《中央銀行月報》《經濟學季刊》等刊物上。主要的學者有:馬寅初、趙蘭坪、朱斯煌、楊蔭溥、徐滄水、彭學沛、谷春帆、黃元彬、吳大業、餘捷瓊、張素民、周伯棣、李大年、朱彬元、夏鷹英、孫超等。

中華人民共和國成立後,學術界對於 1935 年金融危機的研究主要從以下幾個方面進行。

1. 關於中國 1935 年金融危機發生原因的探究

關於中國 1935 年金融危機發生的原因,學術界主要有兩種觀點:

第一種認為是中國 1935 年金融危機是外源性的金融危機,即金融危機是由西方經濟危機傳染而來,是西方國家將危機轉嫁給中國而造成的。孫建華《中國近代金融恐慌的類型、成因與警示分析》就將 1935 年金融危機定性為以貨幣危機為主的綜合性金融恐慌,指出危機發生的外源性誘因,是美國通過白銀政策將危機傳導至中國並引起中國的金融危機。

第二種認為中國 1935 年金融危機的爆發,是由內外綜合因素合力造成的,國內因素如自然災害、農業危機、貨幣制度等,國際因素如國際收支、國際貿易等。趙瑛的《近代中國金融風潮的原因及啟示》分析了中國近代 6 次金融危機,指出金融危機爆發的內因是政府管控不力和貨幣制度混亂,外因則是西方列強對於中國的經濟侵略。鄭會欣的《試論 1935 年白銀風潮的原因及其後果》(《歷史檔案》1984 年第 2 期)認為中國半殖民地半封建社會的社會性質是金融危機發生的基礎,而美國為了轉嫁危機而實行的白銀政策是金融危機爆發的直接原因,帝國主義為了控制中國的經濟命脈而採取的種種行徑則加劇了金融危機。

2. 關於世界資本主義經濟危機與中國 1935 年金融危機的關係的探究

1929 年,西方爆發了嚴重的經濟危機,史稱「世界經濟大危機」,而中國 1935 年爆發的金融危機正是處於西方「世界經濟大危機」的後期,多位學者

對於「世界經濟大危機」與中國經濟的發展、金融危機的關係進行了探究，並對世界資本主義經濟危機對於中國經濟影響的傳導途徑進行探索，主要的觀點有兩種。

許多學者認為世界資本主義經濟危機對於中國經濟的影響是通過貨幣渠道實現的，美國白銀價格的波動，造成中國貨幣的匯率和貨幣供給的波動，引發中國金融危機。周子衡的《20世紀30年代經濟世界資本主義經濟危機對中國貨幣經濟的衝擊——1933—1948年中國貨幣經濟的現代轉型、失敗及其遺產》（《金融評論》2012年第4期），認為世界資本主義經濟危機通過貨幣衝擊對世界經濟產生了兩個波次的影響，第一是貨幣緊縮，第二是貨幣再膨脹。中國由於實行銀本位制並沒有受到第一波次的顯著影響，但貨幣再膨脹導致中國出現了嚴重的白銀危機。

還有學者承認世界資本主義經濟危機對於中國的經濟有一定的影響，但這種影響是有限的，認為中國在世界資本主義經濟危機期間經濟和金融的表現好於西方國家，並沒有出現嚴重的金融危機。管漢暉的《20世紀30年代世界資本主義經濟危機中的中國宏觀經濟》（《經濟研究》2007年第2期）通過對20世紀30年代中國宏觀經濟的分析，強調中國的宏觀經濟確實受到了「世界資本主義經濟危機」的影響，只是由於中國實行銀本位和存在競爭性的銀行體系，貨幣供給並沒有減少，雖然出現了通貨緊縮，但在白銀出口稅和貨幣改革的作用下很快平息，這才使中國的經濟在「世界資本主義經濟危機」中的表現好於大部分國家。杜恂誠通過《貨幣、貨幣化與蕭條時期的貨幣供給——20世紀30年代中國經濟走出困局回顧》（《財經研究》2009年第3期）從貨幣供給的角度分析了中國金融業在世界資本主義經濟危機中的表現，他認為中國金融業由於西方經濟危機的影響，經歷了輕微且短期的信用緊縮，而貨幣供給的絕對數值並沒有減少。並且，他認為法幣改革在短期內是有效的，而從長期看來，由於缺乏約束政府行為的配套機制，對中國經濟金融的發展埋下了隱患。李培德在《略論世界世界資本主義經濟危機與1930年代中國經濟》（《史林》2010年第5期）中認為世界資本主義經濟危機對於中國經濟的威脅不大，而日本對中國東北的侵略和世界銀價的大幅波動，才是真正影響中國經濟和金融的因素。

3. 美國白銀政策對中國1935年金融危機的影響

美國的白銀政策對於世界銀價起了決定性作用，而白銀作為中國主要貨幣，其價格的波動對中國的經濟產生了怎樣的影響？其和中國1935年金融危機的具體關係如何？

西方學術界對於美國實行白銀政策對中國的影響進行了一定的研究。他們根據對20世紀初期中國的價格水準和貨幣供應量等指標的估計,得出了截然不同的結論。其中一種觀點認為美國白銀政策的提出,對於中國的金融經濟產生了嚴重影響,造成了中國普遍的金融恐慌。其主要代表是弗里德曼和施瓦茨。另一種觀點則認為白銀政策的提出對於中國經濟沒有產生嚴重的影響,中國並沒有出現嚴重的通貨緊縮、生產停滯、銀行破產等惡性經濟事件,中國的金融業還保持了迅速增長的狀態。其主要代表有勞倫·布朗特、托馬斯·莎金特和托馬斯·羅斯基。

中國學者則普遍認為美國白銀政策是導致白銀外流的直接原因,而白銀大量外流造成了信用緊縮,從而造成了中國經濟的衰退。但仍有不少學者認為自由競爭銀行制度有利於中國貨幣供給的增加,使中國避免了國際經濟危機的影響。趙留彥、隋福民的《美國白銀政策與世界資本主義經濟危機時期的中國經濟》(《中國經濟史研究》2011年第4期),肯定了自由競爭銀行制度對於充裕中國貨幣供給的積極作用,但僅限於在美國實行白銀收購政策之前有效,文章認為美國白銀收購政策導致中國白銀的流出和匯率上升,致使中國爆發了嚴重的通貨緊縮的金融危機,經濟全面衰退。

4. 關於1935年中國金融危機與法幣改革的研究

法幣改革在中國貨幣史上具有重要的地位,對於法幣改革的研究一直是學術界研究的熱點,並且取得了豐富的成果。部分學者認為法幣改革的完成統一了貨幣,有效地終止了1935年的金融危機,推動了中國經濟的發展;部分學者認為法幣改革的實施從主要方面看是國民政府實現了對於中國金融的全面統制。總之,對於法幣改革成功與否的爭論一直存在。評價法幣改革應本著歷史辯證法的原則,既要看到其成功的一面也要看到其失敗的一面,不能否定其對金融危機的緩解作用也不能忽視其帶來的惡性通貨膨脹的惡果。

5. 關於對中國近代金融危機對比分析的研究

對於金融危機比較分析的研究,大部分學者採用了縱向比較的方法,以近代歷次金融危機作為研究對象或以近代和當代金融危機為研究對象,對金融危機發生的背景、原因和危害進行對比,從而得出一定的結論和啟示。

孫大為的碩士論文《中國近代金融風潮及啟示》,以咸豐時期、1883年、1910年和1921年4次金融風潮為研究對象,從歷史背景、發生原因和過程3個角度進行論述,最後總結經驗和啟示,他認為政府官員的素質與經濟運行的風險大小成反比,金融業的發展不能脫離實體經濟而發展。崔磊的碩士論文《中國近代五次金融危機研究》按照明斯基的金融理論對中國近代5次金融危

機進行分析，他認為市場並非理性的，過度投機和信貸擴張是導致金融危機的根源。

縱向的對比分析，有利於總結、歸納不同經濟環境下金融危機的共性，但是缺乏了橫向比較所反應出的同時期經濟環境下的特點。

（四）簡單評述

學術界對於1935年金融危機的研究，取得了一定的成果，諸如白銀和貨幣制度、金融機構（主要是銀行和錢莊）在危機中的表現、美國白銀政策對中國的影響、政府的金融統制以及法幣改革等，為進一步審視和深化中國1935年金融危機的研究提供了基礎，拓展了思路，但仍存在如下不足和欠缺：

（1）上述的研究集中於幾個熱點問題，點式研究的特點明顯，因而系統性研究不夠，並且研究內容較為重複，缺乏微觀和宏觀上對中國1935年金融危機的整體透視，未能對其爆發、經過、危害和應對進行系統梳理。

（2）研究深度不夠。對於1935年金融危機的研究，大都停留於描述性的陳述，對於其發生的原因也只是表象的分析，沒有認識到其爆發的根源。缺乏對於金融危機爆發規律和共性的發掘。進行對比分析的大部分都是縱向比較，沒有進行橫向對比研究。

（3）理論高度不足。以往對於1935年金融危機的研究主要採取的是史學的研究方法，側重於歷史事件的描述，從而忽視了經濟因素的影響，淡化了貨幣金融層面的研究，使人感到運用理論武器去分析和解剖、更多探尋經驗和規律、透過現象揭示本質等方面存在不足，即在提高研究成果的理論高度方面還有繼續下力氣、下功夫的必要。

前輩學者的研究為我們後人提供了大量的可資學習、參考的成果，這些成果已經進入中國金融史研究的學術寶庫。站在今天的學術高度，我們指出以往研究存在的不足和缺陷，並非想否定什麼，而只是想尋找新的視點，探尋深入研究的突破口。本書的選題也是基於此點的。

三、研究方法與創新之處

（一）研究方法

（1）本書採用多種學科相結合的綜合研究方法。作為經濟史學科的博士論文，本書力爭做到史料翔實，並以此奠定全文的基礎。同時，在經濟學理論的指導下進行了深入的分析和總結。除了歷史學、經濟學，還運用了金融學、管理學、統計學等相關學科的有關知識。

（2）定性分析與定量分析的結合。本書在尊重歷史邏輯與歷史事實的基

礎上，採用定量分析、定性分析的研究方法，對 20 世紀 30 年代中國金融危機進行系統、全面的分析。

（3）比較分析的研究方法。本書運用比較分析方法，對近代先後發生的 5 次比較典型的金融危機進行比較，分析 5 次金融危機的各自特點和共性，力求發現並科學地總結金融危機的規律。

（4）注重調查。重視史料搜集，注意在研究中融入「田野調查」。

（二）創新之處

（1）在前人研究成果的基礎之上，更為系統、全面地研究了 20 世紀 30 年代的中國金融危機。涉及 20 世紀 30 年代中國金融危機發生的政治和經濟背景、發生的具體過程、對社會造成的危害、金融危機的治理等方面，通過研究，將 20 世紀 30 年代中國金融危機歷史較全面地還原並呈現出來。

（2）研究方法、理論的創新。本書並不止於對史料的應用，還學習使用綜合（多種學科）方法開展研究。如運用馬克思的金融危機理論、明斯基的「金融不穩定假說」和金德爾伯格的金融危機理論剖析 20 世紀 30 年代中國金融危機發生的根源。

四、研究目標與論文結構

（一）研究目標

（1）對 20 世紀 30 年代中國金融危機進行長時段、全方位的研究，追究其發生原因，梳理其經過，透視其歷史與現實後果。

（2）理論探求。通過對 20 世紀 30 年代中國金融危機的系統考察與研究，剖析金融危機的本質，總結金融危機發生的規律與機理。

（3）金融對經濟發展既有推動的正效應，又有破壞的負效應。防範金融危機發生，力求將金融危機的損害降至最小，已是當今的共識，但這需從多方面努力，本書的研究在於史為今用，試圖找出「鏡鑒現實」的真諦，通過歷史的研究，力求提高對金融危機的認識，提高對金融的駕馭水準，避免或降低金融危機的損害。

（二）論著結構

本書主要內容共 6 章，其具體內容大致如下：

第一章，介紹金融危機和相關理論，為下文研究 20 世紀 30 年代中國金融危機提供一定的理論依據。金融危機是一個逐步形成的概念，它伴隨著金融業的發展而發展，其經歷了經濟危機──貨幣信用危機──貨幣危機──金融危機的演變過程。而金融危機的根源，一是經濟週期波動；二是金融體系的內在

脆弱性。經濟週期波動和金融體系的內在脆弱性使經濟生活中不斷產生和累積著爆發金融危機的能量。當這種能量積攢到一定程度時，就會爆發，從而發生金融危機。

  第二章，通過分析20世紀30年代中國金融危機發生的歷史背景，總結出中國發生金融危機的原因，即內憂外患。首先，近代中國以白銀為主的紊亂的貨幣體系，阻礙了中國經濟的發展，貨幣的流通的混亂和發行的不統一，嚴重影響了中國金融體系的安全，並且不利於政府對於貨幣進行管理，極易爆發貨幣危機。其次，世界資本主義經濟危機對於中國的實體經濟產生了一定的影響，中國農村經濟凋敝、工商業衰落，加上對外貿易的入超，致使中國實體經濟衰敗，資金大量流入城市，進入金融體系，形成遊資。而中國的金融業由於遊資充斥，並沒有良好的投資方向，投資者們遂將資金大量投入公債、標金、地產等項目進行投機。投機盛行而產生的經濟泡沫一旦破滅，金融危機也將隨之而來。金融業的發展不以實體經濟為基礎，就像空中樓閣一般，終將崩塌。最後，西方資本主義國家對於中國經濟上的控制，以及日本對中國領土和主權的侵略，破壞了中國經濟金融的發展。

  第三章，分析20世紀30年代中國發生金融危機的過程。美國的白銀政策是這次金融危機的導火索，美國為了消除西方資本主義經濟危機給本國帶來的經濟衰退，實施收購白銀的白銀政策，導致世界銀價不斷提高，而白銀價格的提高對於以白銀為貨幣的中國來講，卻是一場災難。它導致中國白銀大量外流、白銀的購買力大幅提高、物價奇低、利率高漲，造成中國嚴重的通貨緊縮，期間，相當數量的銀行、錢莊等金融機構倒閉。匯率的提高又造成中國對外貿易的惡化，進一步加劇經濟動盪。金融危機的發生，又對中國的實體經濟產生了嚴重的影響，農業危機進一步加深，鄉村手工業崩潰，工商業蕭條。中國作為世界經濟體系的一員，並沒有在西方資本主義世界爆發經濟危機的時候發生金融危機，而是滯後發生的，其主要原因在於中國實行以白銀為主的貨幣制度。

  第四章，介紹了國民政府在金融危機前對於金融統制的積極準備和金融危機發生後的應對措施。近代，中國金融業落後，貨幣體系紊亂，金融體系不健全，中央銀行難以履行其金融調控的職責。國民政府通過統一貨幣發行權、統一貨幣種類，逐步確立了中央銀行的地位，並在金融危機發生後，積極充當最後貸款人，通過金融和行政手段進行危機的治理，最後通過法幣改革，建立了較為穩定的貨幣體系，逐步化解金融危機。

  第五章，通過對中國近代5次金融危機的對比分析，總結中國近代金融危

機發生的共性和規律，更深刻地理解金融危機的本質。中國近代先後發生了 5 次比較有代表意義的金融危機，每次危機各具特點，但也有一定的共性。金融危機發生的外部性、理性問題、過度投機以及金融危機的國際傳導都是金融危機的明顯特徵。

第六章，通過上述幾章的分析，筆者得出幾點結論：20 世紀 30 年代中國金融危機的爆發是內外因共同促成的；國家主權問題關乎金融業的發展；金融的發展離不開實體經濟的發展；貨幣制度的穩定有利於金融的發展；金融監管的完善有利於對金融危機的預防。

第一章　金融危機和相關理論

第一節　金融危機的概念

金融危機是一個逐步形成的概念。所謂金融危機可以理解為金融市場上「全部或大部分金融指標——短期利率、資產（證券、房地產、土地）價格、商業破產數和金融機構倒閉數的急遽、短暫和超週期性的惡化」[1]。根據上述定義，可以瞭解了金融危機具有普遍性，即覆蓋整個金融領域的金融狀況的惡化，並且具有突發的性質。它伴隨著金融業的發展而發展，人們對它的認識是逐步深入與發展的。

一、經濟危機與金融危機

金融危機最初是包含在經濟危機的概念範疇中的。經濟危機的一般表現形式為：在生產領域中，工廠生產的商品大量滯銷，隨後出現工廠減產或停產、大量企業倒閉，造成眾多工人失業、整個經濟瀕臨崩潰，極大破壞了生產力水準；在商品流通領域中，商業破產，商品滯銷，造成物價大幅下跌；在金融領域中，資金極度緊張，利率高漲，有價證券暴跌，銀行紛紛倒閉，信用緊縮；在國際收支領域中，要求用黃金結算，造成黃金大量外流，從而黃金價格高漲，遂貨幣危機發生。

經濟危機主要是生產相對過剩的危機，其重點在於生產領域，而在整個經濟體系中，生產領域、商品流通領域、金融和國際收支領域相互聯繫，一旦生產領域出現危機，必然導致其他領域出現一定的危機。經濟危機在資本主義社會是週期運動的產物。而金融危機，主要表現為金融領域出現混亂，雖然金融

---

[1] 伊特韋爾，米爾蓋特，紐曼. 新帕爾格雷夫經濟學大辭典 [M]. 北京：經濟科學出版社，1987.

危機也是伴隨經濟規律的發展而產生的，但金融體系由於存在其特殊的性質，即內在脆弱性，所以金融危機的發生和經濟危機的發生並沒有必然的聯繫，具有一定的非週期性。

二、貨幣信用危機和金融危機

在經濟不斷發展的過程中，金融業也隨之發展，金融業逐漸形成了一定的規模，而金融危機的概念也慢慢從經濟危機的概念中分離出來。貨幣信用危機則成為了金融危機的雛形。貨幣信用危機的發生離不開經濟危機，所以貨幣信用危機如同經濟危機一般具有一定的週期性。其主要表現為：商業信用驟減，大量企業破產；銀行出現呆帳、壞帳，利率急遽升高，信用緊縮，大量銀行因擠兌而倒閉；有價證券價格急遽下跌，發行量減少；貨幣存量減少，黃金的需求量激增。

三、貨幣危機和金融危機

現代金融業迅猛發展，在發展過程中各類金融問題頻現。20世紀70年代以來，金融問題被普遍稱為貨幣危機，並被進行研究。

狹義的貨幣危機是指某種形式的固定匯率制度的突然崩潰，廣義的概念則是指貨幣流通領域出現的混亂。① 從字面上理解，貨幣危機側重於金融危機在貨幣流通、貨幣購買力和匯率等方面的問題，而金融危機具有更廣的含義，它包含了貨幣危機。

四、金融危機

金融危機的發展經歷了經濟危機——貨幣信用危機——貨幣危機——金融危機的演變過程。金融危機的形成過程是從經濟危機到獨立成為貨幣信用危機，再到集中於貨幣危機，最終形成了金融危機。

金融領域的正常運行一般建立在4種均衡之上，即貨幣供求、資金借貸、資本市場和國際收支均衡。這四種均衡相互聯繫，當一種均衡被打破到一定程度，就會產生連鎖反應，導致其他均衡被破壞，就會出現金融危機。

幣值的穩定需要貨幣供求均衡來維持。當貨幣供求均衡被打破時，會造成幣值的劇烈波動，人們對於貨幣的信心來自於幣值的穩定，一旦幣值發生劇烈變化，必然影響人們的信心，當人們對於貨幣的信心不足甚至崩潰時，貨幣無

---

① 郭振干，白文慶，尚明，等. 金融大辭典 [M]. 成都：四川人民出版社，1992.

法維持正常的流通，貨幣制度和物價體系也面臨崩潰的危險。信用關係的穩定需要資金借貸均衡來維持。當資金借貸均衡被打破時，信用必受其影響，而當市場上信用鏈條出現問題甚至斷裂時，企業以及金融機構必然面臨資金短缺的風險，極易受到重創，甚至倒閉。金融資產價格的穩定需要金融市場均衡來保障，當金融市場的均衡被打破後，金融資產價格劇烈波動，引起過度投機或市場恐慌，大量有價證券被拋售，導致資本市場崩潰。匯率和國際資金流動的穩定需要國際收支均衡來維繫。當國際收支均衡被破壞時，匯率劇烈變動，就可能出現支付危機和資金大量外流。

上述4種均衡聯繫緊密，一種均衡的打破會引起其他均衡的失衡，所以一旦一種均衡受到破壞就會產生連鎖反應，導致一系列失衡反應，從而影響貨幣、金融機構、金融資產以及匯率的穩定，人們一旦對經濟失去信心，就會加劇危機，從而對整個金融經濟產生嚴重的危害。

金融危機的產生與4種均衡密切相關，而4種均衡在經濟活動中又受到經濟週期和自身原因的影響。

第二節　經濟週期和金融危機

經濟週期波動是指總體經濟活動上升與下降相互交替的週期性變化和發展的過程。經濟週期波動在經濟發展的不同時期的特點不同，其內容和表現形式會隨著其所處的經濟環境變化而變化。經濟週期波動是經濟發展過程中產生的必然現象，並且不僅存在於過去，也存在於現在和未來。作為經濟發展過程中不可避免的金融危機，其發生與經濟週期波動關係密切。

一、馬克思經濟週期和經濟危機理論

馬克思通過分析資本主義的生產和分配過程，揭示了資本主義的基本矛盾，並分析了資本主義經濟危機週期性爆發的可能性和必然性，總結了資本主義經濟危機爆發的規律，即經濟危機的爆發跟隨經濟週期波動。

資本主義的經濟危機的本質是生產相對過剩的危機。在資本主義制度下，貨幣的流通手段和支付手段的職能充分地發揮出來。而這兩種職能的發揮則為資本主義經濟危機的發生創造了條件。貨幣的流通手段職能，將商品的買和賣在空間上分開，而買和賣又有緊密的聯繫。商品的出賣必須要有人來買，而賣出商品的人不一定會去買。如果出現只賣不買的情況，必然會出現有些人賣不

出商品，這樣就會出現商品的過剩，從而產生危機。而貨幣的支付手段職能則決定了支付關係。商品在生產者之間經常會用賒銷的方式進行買賣，只有當以實際貨幣進行支付時，商品的價值才能得到實現。當生產者出現不能支付的情況時，賒銷的商品的價值就不能實現，從而會產生連鎖反應，導致一系列的支付不能實現，從而出現危機。貨幣這兩種職能所產生危機的可能性，反應了商品的使用價值和價值之間的矛盾，也反應了商品和貨幣之間的矛盾。當商品經濟發展到一定程度時，這種矛盾就發展為剩餘價值的生產和剩餘價值的實現之間的矛盾。商品和貨幣之間的矛盾也發展為資本和信用之間的矛盾。

資本主義經濟危機的根源在於資本主義的基本矛盾，即生產的社會化和生產資料私有制之間的矛盾。資本家通過榨取剩餘價值，進行擴大再生產，從而更大地攫取剩餘價值，由於資本的趨利性，資本家可能會盲目地進行擴大再生產，而消費則可能跟不上生產的步伐。而由於信用和商業的存在，有可能出現一定的虛假繁榮，掩蓋了社會購買力不足的情況，而資本家仍在繼續擴大生產。當生產過剩達到一定程度時，則會出現商品流通擁塞、滯銷、信貸無法支付等現象，生產過剩的危機便爆發了。

馬克思的金融危機理論也是在資本主義生產過剩危機的理論中總結出來的。馬克思認為，金融危機總是以貨幣危機的形式出現，即各種商品資本或者虛擬資本向貨幣資本的轉化出現困難，從而引起生產和商業的停滯，或者虛擬資本價格的暴跌，企業、商行以及銀行等經營機構流動性難以為繼，嚴重者大量倒閉。

二、凱恩斯的經濟週期和經濟危機理論

以凱恩斯《就業、利息和貨幣通論》為代表著作的經濟理論，是為了解釋經濟的週期波動和危機，研究如何預防和應對蕭條與危機，實際上是一種關於蕭條和危機的經濟學理論。

凱恩斯經濟週期理論的基礎是有效需求理論。凱恩斯認為，經濟的均衡和有效需求的情況決定了社會的就業和經濟穩定。通常情況下，有效需求是不足以達到充分就業水準的。

凱恩斯的經濟週期波動的觀點是建立在有效需求不足的理論之上的。凱恩斯認為，「一個典型的（常常是最普通的）恐慌，其起因往往不是利率的上漲，而是資本之邊際效率突然崩潰」[①]。因此，凱恩斯把商業循環的主要原因

---

① 凱恩斯. 就業、利息和貨幣通論 [M]. 陸夢龍，譯. 北京：商務印書館，2009.

歸結為資本邊際效率的循環性變動。

凱恩斯認為，資本邊際效率的變動時間決定了經濟週期波動的時間，通常從危機到復甦需要 3～5 年。這與資本邊際效率恢復時間及存貨消化時間相一致。

三、伴隨經濟危機爆發的金融危機

經濟週期的波動是客觀存在的經濟規律。經濟週期的波動，必然出現高峰和低潮，在高峰時期，很多危險因素被經濟的繁榮所掩飾，一旦經濟走向低潮，潛在的問題就會浮出水面，從而產生經濟危機。而經濟活動中包含著越來越多的金融活動，由於經濟危機的存在，經濟運行過程中也就孕育著金融危機。金融市場中的各類經濟活動都是建立在信用制度的基礎上，信用是資本運作的槓桿，一旦信用出現問題，作為支付手段的貨幣的需求就急速擴大，危機也就由此產生。信用的出現，對商品市場和資本市場的發展都具有極大的推動作用，但也會造成經濟和金融泡沫的出現。信用雖然不是資本主義經濟危機的本質，但對於經濟危機的爆發起到了推波助瀾的作用。

信用制度的發展，既有助於資本主義的發展又加深了資本主義的各種矛盾。馬克思認為，信用是「生產過剩和商業過度投機的主要槓桿」，信用加速了生產力的發展，也加速了生產力和生產關係之間矛盾的爆發。企業進行融資的過程中，企業利用銀行、商業信用進行融資，加速資本累積，並進行擴大再生產。這樣，就會導致資本家按照自己的意願進行生產，而忽略了市場的需求。通過這樣的方式，市場慢慢活躍起來，尤其是處於市場繁榮階段，產品的生產和需求就會出現一定的矛盾。

隨著生產的不斷擴大，信用規模也不斷擴張，並繼續刺激生產的再擴大，生產的再擴大又繼續刺激信用規模的膨脹，兩者相互刺激。在信用急速膨脹的過程中，股票、債券等虛擬資本和一些固定資本的投資也迅速發展，其中不乏大量投機活動，造成商品價格和其價值的嚴重分離，這就成為市場虛假繁榮的信號。而信用的發展也意味著一種債務關係的發展，隨著債務關係的延伸，信用契約關係的履行和貨幣的支付便成為一個緊繃的鏈條，是一種微妙的平衡。一旦市場中出現波動，如貨幣供應量減少、利率上升、虛擬資本價格下降等，造成鏈條一環的斷裂，將導致一系列的連鎖反應，即大量商品價格下跌、工商業企業倒閉、證券價格暴跌、銀行倒閉。這時，大量投資者對市場失去信心，導致市場開始衰落，危機就爆發了。

根據馬克思的資本主義經濟週期以及經濟危機理論，西方資本主義國家的

發展過程中，必然會發生經濟危機和金融危機，且根據明斯基的「金融不穩定」假說，金融危機的爆發不僅存在外生因素，也有內生原因，所以資本主義國家爆發金融危機具有一定的必然性。

由於資本主義國家的不平等條約等，中國被迫加入了世界經濟體系，其經濟和金融必然受到國際經濟金融波動的影響。加之其處於半殖民地狀態，資本主義國家不斷對中國進行侵略，一旦資本主義國家發生危機，為了消除危機，必然會向中國進行轉嫁，來緩解本國的危機。所以中國在20世紀30年代發生的金融危機有很大一部分原因是資本主義國家轉嫁危機造成的，資本主義國家進行危機轉嫁主要是通過貨幣手段進行的。

第三節　金融體系的內在不穩定性和金融危機

頻繁發生的金融危機預示著：世界的經濟環境可能具有某種脆弱性。國際清算銀行在《銀行業有效監管核心原則》中指出：在任何國家，一旦發生銀行體系的衰弱，都可能威脅到本國和其他國家的金融穩定。金融業較其他行業容易出現問題，其根源在於金融業具有內在的脆弱性。

一、海曼·明斯基的「金融不穩定假說」

海曼·明斯基認為商業銀行和貸款者作為私人信用的創造機構，會不斷受到週期性危機和破產風潮的衝擊，並由其金融仲介的身分將危機和衝擊造成的不好影響傳遞給整個經濟。

明斯基認為投資對利潤具有決定性作用，金融為什麼對經濟影響劇烈，因為金融能夠控制投資。資本主義經濟的特點是資本在生產流通過程中不斷擴張，並通過複雜的金融系統進行再擴大。資本主義經濟的資本擴張過程則是「當前貨幣（Present Money）」向「未來貨幣（Future Money）」轉變的過程。當前貨幣用於生產和投資，而未來貨幣則是利潤。而當前貨幣與未來貨幣之間的轉換過程中，需要進行融資，並兌現融資時的承諾，這就需要一個媒介連接融資的雙方，銀行就為融資的進行以及承諾的兌現架設了一個橋樑。

金融相當於連接資本主義經濟活動的過去、現在和未來的紐帶。對於利潤的預期和融資的流量、價格起了重要的作用，而利潤的實現則決定了融資承諾是否能夠兌現，即能否償還債務。所以投資、利潤和金融三者相互依存。

明斯基認為有三種不同財務特性的借款企業存在於市場中：

第一種是抵補性借款企業。這類企業進行融資時，會考慮其未來的現金流量，從而進行抵補性的融資，用來進行日常生產經營活動，即其預期收入一般會大於融資數量。對於金融機構來說，這類企業是最安全的借款者。

　　第二種是投機性借款企業。這類企業的融資依據是預測未來資金的餘缺程度和時間。他們可能在一段時間內出現資金短缺，預期收入可能會小於融資額。但從長期看來，他們的負債小於現金收入。

　　第三種是「旁氏」借款企業（Ponzi Finance Firms），也可稱之為泡沫式集資者。這個稱謂來源於「旁氏」集資計劃（Ponzi Scheme）——歷史上著名的泡沫現象。這類企業的借款風險很高。他們的借款投資於週期很長的項目，而短期內的收入不足以支付借款的利息，在未來長期受益也是其假想的目標。所以，他們必須不斷通過融資來支付利息和本金，且融資數額不斷擴大。他們預期未來某天能用良好的收益來償還債務，並且還能獲得額外的收益。

　　隨著經濟的繁榮和對更多利潤的追求，金融機構對於貸款發放的條件逐漸放寬。而借款企業則因寬鬆的信貸環境，更進一步提高負債比率。於是借款企業的抵補性借款比例減少，後兩種借款比例增加。因為利潤的衝擊，金融機構更加青睞於大規模、高風險、長週期的項目。於是，企業和個人的負債比率越來越高，不動產以及金融產品的價格不斷上升。當經濟週期繁榮階段接近尾聲時，經濟形勢則開始變得嚴峻。當對經濟產生一定衝擊時，信貸資金的供應鏈可能出現問題，將會導致生產企業的破產和違約風潮。金融機構不能幸免，會發生連鎖反應，出現危機。

二、金德爾伯格的金融危機理論

1. 外部衝擊

　　根據明斯基的理論，危機一般始於「外部衝擊」，即對宏觀經濟體系的外部衝擊。外部衝擊有可能是農業的豐收或歉收，也有可能是戰爭的爆發或結束，還有可能是一項具有劃時代意義的發明創造得到廣泛採用，如汽車、鐵路等，或者是具有廣泛影響的政治事件或者是金融事件，貨幣政策的突然變動也可能導致衝擊。

　　不論是什麼因素引起的外部衝擊，如果衝擊足夠大，影響足夠廣泛，則會影響經濟部門的正常運行，從而改變經濟的發展方向。外部衝擊給一些新的業務或現有的老業務帶來了盈利的機會，同時對另一些業務則關閉了盈利的窗口。大量資金就會由虧損的業務退出並轉向盈利的業務。如果新的盈利機會比失敗的機會多，則投資和生產會增加，經濟開始走向繁榮。

2. 信用擴張

由於投資和生產的增加，銀行信用開始擴張。在明斯基的模型中，銀行的信用擴張促進了經濟繁榮，它增加了總的貨幣供應量。銀行一般都可以創造貨幣，有的是通過發鈔的形式進行的，有的則是通過貸出多餘存款完成的。明斯基模型認為銀行信貸極不穩定。由於個人信用具有無限擴張的本性，市場上可能會出現額外的支付手段以助長投機，在銀行介入之後，銀行的貨幣支付手段不僅在現有的銀行體系內擴張，還會通過其他形式擴張，如發明新的信用工具、建立新銀行以及個人信用的擴張。所以避免貨幣過度擴張，就成了穩定金融的一個問題。但是，即使做到了防範這種銀行體系內的不穩定性，如果存在足夠的利益驅使，個人信用的不穩定性仍然為經濟繁榮提供了融資支付手段。

3. 投機需求

假定存在投機需求，且該需求已經轉化為對商品和金融資產的有效需求。經過一段時間的發展，市場需求的增加必然要求更高的產品生產能力和金融資產的供應能力。結果，產品和金融資產的價格上漲，導致更多的廠商和投資者進入市場。這時，由於連鎖反應，新的投資增加了收入並促成了進一步投資，收入進一步增加。這就是明斯基所謂的「上升階段」。由於生產和投資的增加，則對價格上漲的投機增加，這一過程繼續下去，則產生了「過度貿易」。

4. 泡沫

過度貿易可以理解為對價格上升的純粹投機，即對未來收益的過高估計。在商品市場上，純粹的投機，是指買是為了賣，並不是為了使用而購買，在金融市場上的投機，則是指購買為了再出售，而不是為了獲得金融資產的一般收益。

當廠商和居民看到他人以投機性的購買和再出售獲利時，他們也會試圖模仿。當進行投機的廠商和居民數量足夠龐大，一些資金不足或對風險厭惡的人群也被捲入進來時，對利潤的投機就從正常的理性行為轉變為「投機狂潮」或「投機泡沫」了。「投機狂潮」一詞強調了其中的非理性；「泡沫」一詞則由於泡沫隨時可能破滅而蒙上了陰影。

5. 詐欺

投機階段的後期，投機對象將從現實的有價值的物品轉向虛幻物品。而詐欺則是伴隨著泡沫產生的。

6. 危機的國際傳播

雖然明斯基的模型僅限於一個國家，但歷史上發生的過度貿易大部分都會從一個國家擴散至另一個國家。擴散的渠道有國際的套利行為，資本的流動以

及黃金、白銀或外匯等形式的貨幣流動。

關於貨幣流動，一般認為，在理想的世界中，一國的貨幣收益必然與另一國家相應的貨幣損失相對應，即一國的經濟擴張被另一國家的經濟緊縮相抵消。但是，現實世界中，一國貨幣儲備的增加導致經濟繁榮，但是另一國家的貨幣儲備減少，經濟也可能繁榮，因為價格和利潤的增長會吸引投資者進行投機。即由貨幣緊縮導致的經濟緊縮會被投機行為帶來的繁榮所淹沒，這樣，即使一個國家表面繁榮，但信用體系仍然面臨很大的威脅。

7. 財務困難

隨著投機性繁榮的繼續，利率、貨幣流通率和價格都將繼續上升。在一定階段，某些人決定接受現有的利潤，出售投機商品。在市場達到高峰時，不斷有人獲得利潤退出市場，也不斷有新的投機者進入市場。當投機者意識到，他們資產不足，需要流動性的時候，他們就會出售資產變現，這樣就會對商品和證券價格產生災難性後果。一些通過借貸進入市場的投機者則不能償還貸款。這時就出現了「財務困難」。

8. 銀行倒閉、危機爆發

如果這種困難狀況繼續下去，投機者將逐漸地或者突然地意識到市場繁榮難以維持。這時，投機者爭相從長期或實際金融資產中退出以換取現金，就演變成了一種潰逃。

突然引發危機的特定信號可能是一家壓力過大的銀行或企業的倒閉，某人試圖以不正當手段逃避壓力等詐欺或挪用資金行為的暴露，或是主要投機對象的價格由於定價過高而下跌，首先表現為單一投機對象的價格下跌。在以上任一種情況下，都會導致市場崩潰、價格下跌、破產增多。這時，有人意識到，市場參與者不可能都在價格最高點上售出獲利，則會引發市場恐慌，就出現了「風雲突變」。商品和證券市場的風雲突變導致銀行停止發放抵押貸款，從而導致了信用緊縮，進而爆發危機。

9. 金融危機終止

危機出現後，也會進行演變，當出現以下 3 種情況中的 1 種或 1 種以上時，危機將會終止：①價格下跌至人們願意再次購買流動性稍差的資產；②當局限制價格下跌，關閉了交易所，或者終止了交易；③最後貸款人成功地說服了市場，表明有足夠的資金滿足現金需求。

第四節　金融危機的生成機理

雖然世界經濟環境具有一定的脆弱性，而金融危機發生的根源，要迴歸於整個金融體系中。金融機構的運行機制、金融市場機制和國際金融體系間存在的一些天然的缺陷為金融危機的發生提供了必要的條件。

一、金融機構運行機制存在的缺陷

金融機構具有過度借貸的內在衝動，是造成金融體系內在不穩定性的關鍵原因。而金融機構運行機制的缺陷，也是造成金融體系內在不穩定的重要因素。

金融機構分為銀行類和非銀行類金融機構，兩種機構運行機制的缺陷具有相似性。銀行類金融機構運行機制的缺陷有：①銀行資產負債期限差異導致銀行資金流動性的缺陷；②借貸雙方信息不對稱導致銀行資產質量的缺陷；③銀行資本和規模的制約下對抗市場風險能力的缺陷；④過度依賴於公眾信心導致以高負債經營的銀行生存的缺陷；⑤由於追求利潤，存在逆向選擇和道德風險的缺陷。

1. 銀行資產負債期限差異和銀行資金流動性

流動性是指資產在短期內變現滿足支付客戶提存和償還到期債務的能力，廣義的流動性也包括了銀行從外部進行融資的能力。銀行的流動性，不僅取決於銀行對於資金頭寸的管理水準，還取決於銀行資產負債的結構和質量。一般而言，銀行平均資產期限長於平均負債期限，這樣就導致銀行在經營活動中不得不面對流動性風險。對於銀行而言，短借長貸是獲得利潤的重要方法，而對於客戶來講，短借長貸也是其需求。對於存款人來講，銀行必須隨時滿足其提現的要求，但是銀行收回貸款的本息的期限是約定好而不能更改的，這樣造成了銀行貸款的高風險和低流動性，而存款人則享有低風險和高流動性。而現實生活中，存款人一旦要求提取存款，無論存款的金額大小和期限長短，銀行一般都會予以滿足，而借款人到期無力償還的情況時有發生，這樣銀行不僅面對存款者資金的高流動性，也要面對借款人的信用風險。

雖然存在著這樣的缺陷，銀行依賴大多數法則，仍能夠正常營業。存款人一般不會同時進行提款，在一定時期內，一些存款人的提款會被另一些存款人的存款所替代，形成相對穩定的存款量。所以銀行一般總能保持一定的資金來

應付日常支付，並將多餘的存款貸出盈利。一般而言，銀行的貸款大多數還是能被償還的。

但是一旦出現多數存款人擠兌和大量企業無力償還貸款的情況，銀行潛在的流動性風險就會演化成流動性危機。

2. 信息不對稱和銀行資產質量

金融仲介是為了降低信貸交易成本、減少信息不對稱而產生的。在金融仲介未出現時，借貸雙方信息不對稱，從而很難就利率問題達成一致，交易難以完成。銀行的出現，則很大程度地解決了這個問題。銀行具有一定的資本，並且有完善的會計和結算系統和一定專業技能的專業人員經營，對不同借款人的信用和財務情況的信息的獲得比較全面，並根據風險的大小來確定貸款利率。與此同時，銀行對於借款人日後資金運用情況的監督比存款人更有優勢，從而降低了逆向選擇和道德風險。

但是，銀行無法完全避免逆向選擇和道德風險，是由於信息不對稱以及交易成本無法完全消除。銀行對於借款人的信息不可能百分之百地瞭解，並且對於借款人日後資金運用的監督仍需要較高的成本。所以，銀行雖然比存款人對於借款人信息的瞭解和監督具有一定的優勢，仍無法完全消除逆向選擇和道德風險，從而容易造成不良資產出現，引發銀行危機。

3. 市場風險和銀行抗風險能力

銀行所面臨的市場風險主要有利率風險、匯率風險和各類資產價格風險。

由於銀行的主要利潤來源於存貸利差，所以其對存、貸款利率的相對變動具有很強的敏感性。而存、貸款利率經常變動，所以銀行的利潤也會隨之波動。當存、貸款利差變大，則銀行利潤率提高，但是會降低存款和貸款數量，銀行資產負債規模也會隨之變小；利差變小，則會降低銀行利潤率，但是銀行的資產負債規模則會提高。銀行的利潤率還和利率的結構相關，當利率市場出現短期高利率和長期低利率時，銀行的成本就會升高，而利潤就會降低。

由於貨幣是銀行的經營的商品，而不同貨幣之間的價格變動就體現為匯率的變動，銀行的資產和負債不僅僅局限於一種貨幣，而是分佈於不同的幣種之間。這樣匯率的變動，必然會影響銀行資產和負債，使其產生一定的波動，具有一定的不確定性。所以匯率風險也是銀行面臨的主要風險之一。

銀行的利潤不僅來源於存貸利差，還有其自身的投資業務。當銀行將資金投資於固定資產或者金融資產時，由於固定資產和金融資產的價格會隨市場不斷變動，銀行會面臨著很大的風險，並且以這些資產為抵押的貸款，也會受到資產價格波動的影響。

銀行的經營會受到市場風險的影響，銀行的經營方針其實就是在承受一定風險的情況下，去追求利潤。由於市場風險的客觀存在，銀行無法躲避，所以銀行受到其資本和規模的制約，在對抗風險方面存在一定的缺陷。

4. 銀行的生存依賴於公眾信心

銀行的經營模式確定了銀行的高負債性。所以，銀行的高負債率必然會增加其對於負債穩定性的依賴，否則，銀行無法獲得資金，便也無法生存。

而負債的穩定性，則依賴於存款人對於銀行的態度。只有存款人不會同時提款，銀行才能將具有較高流動性的債務轉化為具有較低流動性的債權。而存款人不同時提款的前提就是公眾對於銀行有信心，這樣銀行才得以生存。

對於銀行而言，存款人具有數量大、分佈廣和無序性等特點，所以大部分存款人都會以個人利益為首要目標。一旦市場出現特殊事件，使存款人認為其存款受到威脅或其個人利益受到損害，極易發生存款人擠兌現象。加之羊群效應的影響，更多的存款人會加入到擠兌行列，公眾信心一旦崩潰，所帶來的銀行流動性危機就會導致銀行倒閉。

5. 追求利潤所發生的逆向選擇和道德風險

銀行作為經營特殊商品的企業，追求利潤是銀行經營的首要策略。而銀行的管理者在經營管理銀行時所提出的經營策略會給他們帶來較高的收益或者較低的懲罰。在經濟繁榮時期，銀行管理層選擇進行高風險的貸款以獲得高收益，而即使在經濟蕭條時遭受損失，其受到的懲罰也比在經濟繁榮時期沒有選擇高風險、高收益貸款的經營者小。並且，在經濟繁榮時期，銀行獲得了高收益，管理層獲得的獎勵和收益也很大。所以一旦風險決策正確，就會獲得較大的收益。而追求利潤的經營目的，以及銀行經營的獎懲不對稱，正是銀行經營管理的天然缺陷。

對於追求高額利潤的管理者來說，高風險、高收益的貸款和投資項目是其首要選擇，而正是這樣，則會導致銀行經營的投機性提高，從而產生一定風險。正如明斯基所說：「金融危機，實際上是因嚴重的逆向選擇和道德風險而使得金融市場不能有效地將資源引導至那些有較高生產率的投資項目，從而發生崩潰的現象。」

二、金融市場機制的負面效應

一般情況下，市場機制具有自我調節的能力。但是，金融市場機制也在一定條件下具有擴大和激化市場矛盾的功能，表現為金融市場上信心危機的傳遞、金融市場上支付危機的連鎖反應和金融市場上安全保障設施的負面效應。

1. 金融市場上信心危機的傳遞

金融危機在某種意義上，可以說是一種信心危機。整個金融體系的存在是以信心為基礎的，所以信心會在一定條件下導致金融體系出現問題。由於個體間聯繫緊密，並且有從眾心理，所以信心具有傳遞性。信心會通過示範作用和周邊個體的從眾心理，在公眾間蔓延，形成公眾信心。相反，信心的失去也會通過同樣的機理，形成信心危機。信心危機的生成和傳遞機制，由以下兩方面構成：

第一，信心危機的自生成效應。在金融市場中，當一家金融機構發生流動性困難時，可能引起其他金融機構對其的信心危機，則該金融機構的信用評級和拆借額度會被降低，該金融機構在金融市場中很難進行融資。而由於這種正常的市場反應，有可能會使其由臨時的流動性困難轉化成危機，最終走向破產。

第二，信心危機的自增強效應。金融市場內，一個金融機構的公眾信心的喪失，可能引發公眾對於整個金融體系信心的失去。一旦出現這種情況，以不同類型經營策略生存的金融機構，都會受到影響，出現擠兌風潮，甚至破產。而市場上會出現商品搶購以及資金外流的風潮。人們雖然清楚地瞭解到市場機制運行可能出現這樣不好的結果，但由於保值的動機，當市場上信心危機出現時，人們都會爭先恐後地採取行動，使這星星之火釀成燎原之勢，最終燃遍整個金融市場，並將自身置於火海之中。

2. 金融市場上支付危機的連鎖反應

激化金融市場矛盾的另一個市場機制是金融市場上支付危機的連鎖反應。在市場經濟中，債權債務網絡無處不在，各個經濟實體都置身於其中。在這張債權債務網絡中，對整個金融體系產生影響最大的則是金融機構之間的債權債務關係。這類關係表現為：金融機構間的大規模同業拆借；金融機構間的金融衍生品交易；金融機構之間，尤其是銀行間的帳戶行和代理行的關係；金融同業間的巨額外匯買賣等待到期交割；連接各類金融機構的清算網絡每天及時履行支付，等等。在這些行為中，任何一個環節出現的支付困難，都會產生一系列的連鎖反應，都有可能發生大面積的流動性困難或銀行業危機。所以，金融體系中，金融風險會迅速傳遞並放大，在這樣的市場機制下，局部的金融問題會迅速轉化為整個金融體系的危機。

3. 金融市場上安全保障措施的負面效應

各國金融管理當局為了維護金融業的穩定以及經濟的安全，都會建立金融安全保障設施並制定法律法規來防範金融風險。中央銀行不僅在金融機構發生支付危機時充當最後貸款人，為其進行緊急援助，還建立存款保險制度，以避免支付危機。

当然，存款保险制度有利於金融業的穩定發展。但是，辯證地來看，存款保險制度在為金融機構的存款提供保護的同時，也降低了金融機構的風險壓力，導致道德風險的出現。在存款保險制度下，存款人的風險防範意識降低，忽視了金融機構的信用等級，從而導致金融機構信用等級作用降低。存款保險金率相同的情況下，經營狀況較差的金融機構和經營狀況良好的金融機構都有可能獲得更多的資金，而對謹慎經營的金融機構而言，其要分擔冒險經營者所帶來的一部分損失。這種機制產生的不良後果就是社會風險意識的降低以及社會資金資源的不合理配置。

三、國際金融體系的內在脆弱性

1. 國際匯率體系穩定性的弱化

國際匯率體系穩定性的弱化，形成各國之間基本經濟關係和國際金融體系內在的脆弱性。

在固定匯率制度下和浮動匯率制度下，各國的貨幣都不可避免地遭受了種種衝擊。

在固定匯率制度下，有利於降低匯率風險，便利國際貿易，增強國際投資者對本國的投資信心，並且易於進行成本和收益核算。但其缺點是：①固定匯率制不易維持，需要有雄厚的外匯儲備。②匯率需要調整時不容易調整。匯率高低影響著國民經濟的方方面面，長期不動會累積許多問題，一次性調整將會產生許多負面影響。因此，在固定匯率制下，調整匯率的經濟代價很高，並且會遭遇許多方面的阻力，因而難於調整。③維持固定匯率制的穩定，僅僅有大量的外匯儲備是不夠的，還需要有良好的國家經濟基礎、金融體系、國際收支狀況。④在固定匯率制下，容易產生匯率扭曲。政府人為地制定和調整匯率，存在著客觀性、合理性、科學性和及時性的眾多問題。

在浮動匯率制下，容易出現經常性的匯率過度波動和錯位。浮動匯率制度使國際投機資本迅速增長和遊動。虛擬資本在浮動匯率制下迅速國際化，匯率的波動進一步加劇，國際金融市場的風險增加，各國貨幣當局控制虛擬資本流動的能力被削弱。尤其是在浮動匯率制下，各國之間的貨幣政策難以協調，世界範圍內沒有類似各國國內的統一的貨幣管理機構，匯率非常難以進行有效的控制。因此，在浮動匯率制下，匯率體系的不穩定性增加，會對世界經濟產生不好的影響。

2. 各國經濟金融的不平衡發展

各國經濟金融的不平衡發展，使得發達國家和發展中國家之間的貧富差距

越來越大。在同一時期，各國所處的經濟階段並不一樣，相應的經濟增長率、通貨膨脹水準各不相同。因此，各國在該時期的財政政策、貨幣政策的目標也是不一樣的。

金融市場的一體化和金融泡沫的全球化，導致了金融風險可以在國際迅速傳遞、放大。各國的經濟狀況和政策措施對外產生的影響，以及各國本身受到外界衝擊的機會也隨之增大。根據本國經濟需要制定的政策，通常都難以兼顧與之聯繫緊密的國家的經濟利益和兩國之間的貨幣匯率。各國政策間的利益衝突和政策差異不可避免。這就會引起外匯市場上匯率的波動和國際投機資金的投機行為，造成國際金融體系內在機制的脆弱性。

隨著各國開放程度的提高，那種只根據自己的情況和利益來制定政策的傳統觀念行不通了。利益和政策的差異必然要求各國政府對其內部經濟政策與國外情況進行相互協調，並兼顧國內和國際經濟關係。另一方面，國際機構或各國政府之間對跨國投資、跨國金融活動的監管、國際協調的難度也越來越大。金融市場的全球化、自由化，削弱了國家對本國經濟和金融的管理能力。貨幣的自由兌換，給一國控制貨幣匯率帶來了極大挑戰。

3. 畸形的國際債務結構

過度膨脹的國際債務和畸形的債務結構，形成國際債權債務關係鏈條的脆弱性。

發展中國家為了促進經濟增長，大力引進外資。新興市場的高利率和國際信用總量的膨脹都鼓勵了巨額資金向發展中國家流動。這使得發展中國家的經濟繁榮，很大程度上依賴於外資的持續流入。

過度借貸，給發展中國家帶來了沉重的債務負擔。在繁榮的國際借貸市場和高速發展的新興市場經濟的背後，隱藏著危機。外資的穩定性較差，經濟形勢一旦出現不好的苗頭，就會迅速撤離，使得這些國家缺乏後繼資金來源，形成債務危機。同時，債務國的債務危機導致其無力償付外債，會造成債權國資金回流困難，從而形成國際債權、債務關係鏈條的斷裂。結果，加重了國際經濟金融的動盪，使國際經濟金融體系變得脆弱。

對於金融危機的概念、特徵以及生成機理的認識和理解，有助於我們對20世紀30年代中國發生的金融危機進行研究，能讓我們更加深刻地看到金融危機的本質，並為我們提供有力的理論依據。

第二章 20世紀30年代中國金融危機的歷史背景

中國20世紀30年代之所以發生金融危機，原因極為複雜，既有外部因素，又有內部因素，外部原因主要歸於美國白銀政策，其實質是中國與西方宗主國之間不平等的經濟關係與金融關係，即中國經濟和金融依賴世界資本主義體系，成為所謂「西方強國」的經濟危機和金融危機的「轉嫁地」，或西方資本主義危機的「平衡水池」。內部原因則溯源於中國貨幣制度、金融體系等，中國貨幣、金融雖歷史悠遠，但仍處於原始向現代轉化的過程中，現代與封建共生、先進與落後共存、開放與保守並存、彈性與僵化同在，遠遠不能適應中國面臨世界市場及國際金融形勢下的金融需求。難以對國際金融格局的波動做出合理、妥當的反應並採取正確的措施去解決問題，有時甚至擴大金融波動範圍，任其釀成金融危機。

第一節　近代中國以白銀為主的紊亂的貨幣體系

一、銀兩制度的發展

中國以銀為幣的歷史，由來已久，在「夏、商以前，幣為三品」的時代，白銀便與珠玉、黃金一起成為當時的貨幣了。但是，白銀在中國成為幣材並取得主幣地位，應該是明代中期以後的事情。明代嘉靖年間，政府將各地銀兩按法定的單位和成色鑄造成錠（稱為寶銀，並記錄鑄造年月及官吏與工匠姓名），銀兩有了法定的單位和成色，從此，中國有了最初的官頒銀兩制度（關於銀兩鑄造與流通、兌換的法規）。到了清代，銀兩制度進一步發展與鞏固，並成為清代貨幣體系中不可或缺的部分，通常是白銀用於大額交易以及國家的稅收和支出，小額交易以及百姓的日用貨幣流通則以錢為主。

銀錠是銀兩的傳統形態，在清代，元寶銀是銀兩的總稱，而元寶、中錠、小錠、碎銀等均是銀兩的叫法。銀錠並不是抽象的貨幣單位，而是一種稱量貨幣。通常以兩作為單位，錢、分、厘作為兩以下的十進位單位，一般銅錢用於支付厘的單位。由於銀兩是特殊的稱量貨幣，其交易時相當麻煩。

　　衡量銀兩重量的平砝標準十分複雜，清代時，平砝主要有4種，即庫平、關平、漕平和市平。有人統計，舊中國各地平砝種類有170多種（其中未包括雲南、廣西、甘肅和新疆這4個省的平砝）。貨幣史專家張家驤先生推斷：「若全數列入，吾恐當倍於此數也。」①

　　銀兩作為貨幣，衡量其價值的另一個重要因素就是成色。成色就是指銀純度（例如成色98即含銀量為98%），成色越高，含銀越多。近代的銀兩並沒有統一的鑄造發行機構，一般由官方分設在各地的銀爐或爐房（如東北營口）進行鑄造，這樣就造成了市面上流通的銀兩成色不一。

　　由於銀兩的成色各異，而且各地的平砝種類多樣，銀兩的流通過程中就出現了很多問題。相同重量而成色不同的銀兩價值不相同，成色和重量都相同的銀兩因平砝不同而名義重量不同，導致名義價值不同，給商號的計帳增加了極大難度，虛銀兩就是為了解決這個困難而出現的。所謂虛銀是指官府和民間共同認可的一種標準銀的計算單位，僅僅是一種計值單位而並不實際存在，如上海的九八規元、營口的爐銀、漢口的洋例銀、天津的行化銀、北平的公砝銀等。銀兩在流通中的繁瑣由此可見一斑。

　　應該說，元、明、清以後，白銀作為中國貨幣體系中重要的一員，地位漸趨重要且穩固，所謂的「白銀制度」（白銀的鑄造、其與制錢的兌換比價、成色標準、記帳規定等）日益成熟，這是中國貨幣流通與貨幣制度的歷史性進步，我們不能抹殺其對中國經濟發展、貨幣演進的歷史性貢獻，但白銀作為貨幣，其平砝上的複雜性、其成色上的雜亂性、其分類上的玄虛性，既是舊中國各地經濟發展不平衡性的表現，又從貨幣流入的角度阻礙市場流通和經濟的發展。這樣一種貨幣及其相關的白銀制度遲早應退出歷史舞臺。西方的金融的風波一旦襲來，中國以白銀為主的貨幣體系如何應對便可想而知。

二、銀元的開鑄

　　中國有銀元流通的歷史，在中英鴉片戰爭前有300餘年，在19世紀80年代以前，流通中的銀元全是外國銀元。

---

① 張家驤. 中華幣制史 [M]. 北京：知識產權出版社，2013.

外國銀元流入的渠道是中國與呂宋（菲律賓）間的貿易往來。隨著西班牙殖民者16世紀（1565年）占據呂宋等地，西班牙銀元得以在當地流通使用，而中菲之間的經貿往來使得這種銀元流入中國，開始的流通區域主要在廣州、寧波、廈門等沿海口岸。

外國銀元流入中國並廣泛流通使用，這對於中國的貨幣體系和制度產生了巨大的衝擊：

第一，中國的封建貨幣制度本就極其複雜，大批外國銀元湧入中國以後，加劇了中國幣制的混亂。各國銀元在中國不同地區有了自己獨占的流通領域；它們的價格在中國市場上下波動，變幻無常。

第二，外國銀元的流入造成中國白銀大量外流。外國銀元與白銀的不等價兌換，含銀量較少的外國銀元可兌換較多的白銀，導致外國銀元大批流入的同時，中國白銀大量外流，中國金融市場因此銀根緊張。

第三，刺激中國幣制改革。為了抵制外國銀元，清政府開始了鑄造銀元的實踐，1887年（光緒十三年），清政府批准兩廣總督張之洞奏議，在廣東設廠仿鑄銀幣——「光緒元寶」（成色銀九成，重七錢二分）。在廣東的帶動下，各地開始分別鑄造銀元。由於各省鑄造銀元的成色和重量不同，銀元流通的混亂便逐漸體現出來了。

民國時期，貨幣本位問題爭議再起。1914年2月8日，北洋政府頒布了《國幣條例》。除個別省區外，全國普遍接受了《國幣條例》對於銀幣的幣型、重量、成色的統一規定。《國幣條例》規定國幣為銀幣4種、鎳幣1種、銅幣5種，均以十進位計值；以一圓銀幣為主幣，其餘為輔幣；國家財政收支一律改用國幣；所用銀兩、銀角銅元、制錢一律折合國幣名稱計算。

中國近代自鑄銀元始自洋務派張之洞在廣東的仿鑄，1925年，《銀行周報》記載：「自光緒十五年（1889年）張之洞在廣東開鑄銀元，到1913年底時全國共鑄銀元約2.2億元，小洋約鑄2.3億元。1913年至1916年，銀元共鑄1.8億元。」從那時起，全國鑄造（含仿鑄）的銀元共有多少很難進行精確統計。粗略估計，20世紀30年代中期以前，中國自鑄銀幣（面額壹元）不會超過20億元。

銀元的鑄造流通對於銀兩（白銀）的鑄造流通具有巨大的優越性，即使用便捷、形態統一等，但是銀元的鑄造流通又加劇了中國貨幣制度的混亂，銀元、銀兩的共存於世，造成流通、兌換的極大不便。

三、紙幣制度的發展

從金融發展史的角度來看，各國紙幣發行制度也時有變化，大致經歷了三

個階段：第一階段是金銀準備階段，第二階段是保證準備階段，第三階段是管理通貨階段。① 近代中國的紙幣發行制度，處於第一和第二階段共存，並逐步向第三階段發展的階段。

近代中國紙幣發行可以分為政府紙幣、銀行券、私票三大類，而紙幣之分別，除銀行券之外，又有銀輔幣券、小洋兌換券、銅元券、海關金券。至於現洋之鑄造則有「站人洋」「鷹洋」「大龍洋」「袁頭洋」「孫頭洋」。

所謂政府紙幣，即政府發行的庫券。此券多由政府特向銀行抵借現款之用，而少在市面流通，只有武漢政府所發行的國庫券，曾以普通鈔票的資格流行於世，不出數月，即隨政府的分裂而倒塌。中國通商銀行成立之後，即發行銀行券，而後來成立的中國、交通、四明、中南、中國興業、中國實業、中國墾業、中國農工等銀行，先後發行鈔票，此所謂「多數發行制」，為世界所罕有。而各個銀行的發行制度也不統一，多因其營業範圍而定其發行數量，也有預防兌現而冠以不同地名的，即所謂分區發行制，例如中國銀行發行的鈔票上印有「上海」「漢口」「天津」「廣州」等字樣，其用意是不限於某一省份，然而當遇信用動搖而發生兌現的情況時，印有「漢口印製」的中國銀行鈔票，上海方面可拒絕兌現，避免了危險波及整個中國的銀行。

中國盛行私鈔，此為封建官僚軍閥對人民的貨幣剝削。各省市軍閥所設立的銀行（錢莊），皆私自發行當地鈔票，既沒有保證金，也不兌現，軍閥勢力存在時，尚可在其軍事力量的掩護下暫時使用，一旦軍閥勢力崩潰，此類鈔票則變成廢紙。

近代中國紙幣的發行機構，簡而分之包括國家銀行、商業銀行、地方銀行、外商銀行及發行私票的地方錢莊、地方政府、企事業單位等。

在法幣改革前，中國的紙幣發行緊盯金銀實物，而白銀在當時中國的地位十分重要，所以紙幣的發行受到白銀的影響極大，白銀的數量對於紙幣的發行有著重要影響，從而當時的紙幣制度甚至貨幣體系的穩定取決於白銀。

儘管中國的銀行在管理紙幣的能力上不斷增強，但其體制仍然不完善。表現在：①對中央政府普遍的不信任。由於政府對於貨幣的頻頻更換以及貨幣政策的不連續性，公眾對於國家銀行發行的銀票極少有信任感。②中央政府政策權利的薄弱。政府無力禁止外國列強根據不平等條約使由外國銀行發行的外國鈔票在國內的流通。③發行權利的分散。政府無力阻止銀行紙幣的發行，也對其在全國的擴散束手無策。具有發行權利的銀行在全國達 36 家之多，而非正

---

① 王廣謙. 中央銀行學 [M]. 北京：高等教育出版社，1999.

式的發行者更是數不勝數。

四、近代中國幣制及其流通的紊亂

在 1933 年「廢兩改元」之前，銀兩、銀元、銅元和紙幣作為貨幣在中國流通。銀兩和銀元的鑄造者，不僅有中央和地方政府，還有私人銀爐；紙幣的發行權，則被華資和外資銀行獲得，其中華資銀行還分為國家銀行、商業銀行和地方銀行。每一種貨幣的形式豐富，並且具有強烈的地域性，此外，外國輸入的銀元也在中國廣泛流通。

20 世紀 20 年代以前，中國貨幣紊亂的特徵有：

1. 本位不明，主輔幣不清

中國近代貨幣的發行和流通自由發展。中央政府發行的貨幣，只是眾多貨幣中的一種，貨幣發行權散落於地方和民間。貨幣種類繁多，銀元和銀兩擔當主要流通的貨幣，而紙幣（銀行券和兌換券）則發揮了價值尺度和流通手段的作用，銅元由於其金屬的特性，則只能作為輔幣使用。

2. 傳統性貨幣與近代貨幣並存

貨幣的發展過程是由具體到抽象的，即從稱量貨幣發展到鑄幣，再發展為可兌換的紙幣，最後發展成獨立的紙幣。稱量貨幣和鑄幣，都是以本身的金屬屬性作為商品交換的價值，但是鑄幣則是隨著近代工業的發展而產生的，其符號性大大加強。紙幣作為符號貨幣，依靠信用流通。所以稱量貨幣和傳統社會聯繫緊密，屬於傳統型貨幣，而鑄幣和紙幣則是和近代社會聯繫緊密的近代貨幣。

近代中國的貨幣，既有作為稱量貨幣的銀兩，也有銀元和紙幣（銀行券和兌換券），並且銀兩、銀元和紙幣的種類以及形態眾多。

3. 中央、地方政府發行的貨幣與非官方發行的貨幣並存

中國近代銀兩的鑄造，既由中央政府和各類機關設爐鑄造，也由民間設爐鑄造。銀元的鑄造也是先由地方政府鑄造，最後由中央政府統一鑄造。紙幣的發行除了國家和地方銀行外，外國銀行也享有一定的發行權。

4. 本國貨幣與外國貨幣並存

近代，隨著中國口岸的開放，對外貿易的增加，外國大量銀元流入中國。並且眾多外商銀行在中國不同地區發行貨幣。

5. 貨幣流通的區域性與區域內貨幣流通的多樣性並存

近代，中國的貨幣發行權不統一，導致不同的幣種流通於不同的地區，甚至一個地區充斥著不同種類的貨幣，並且區域間貨幣不相流通，貨幣的流通呈現明顯的區域性。

中國貨幣制度的紊亂，大大阻礙了中國經濟的發展。繁瑣、複雜的貨幣兌換，對於商品經濟的發展起了很大的遏製作用，銀兩、銀元和銅元的並用，加上各類貨幣的成色和平砝標準各異，完成交易必須通過複雜的兌換。這樣就大大增加了交易成本，減緩了商品流通速度。貨幣發行權的不統一，也嚴重影響了中國金融和經濟體系的安全。各類貨幣的濫發，加大了通貨膨脹的風險，助長了投機風氣，並且增加了政府對於貨幣管理的難度，極易爆發貨幣危機。

第二節　中國金融危機爆發前的中國經濟

1929—1933 年，資本主義國家發生了非常嚴重的經濟危機，陷入了資本主義經濟世界資本主義經濟危機時期。在此情況下，一些主要的資本主義國家為了轉嫁經濟危機，紛紛放棄金本位制，實行通貨貶值。《銀行周報》記載，英國首先於 1931 年 9 月放棄金本位制，把英鎊貶值百分之三十，借此阻止資金外流並刺激商品的輸出；接著日本也於同年 12 月宣布取消金本位制。到了 1933 年春季，美國爆發了新的貨幣危機，引起大批銀行的破產和所有銀行的暫時停業，並於 4 月 19 日也放棄金本位制，到 1931 年 12 月，美元匯價已經比原來的黃金平價降低了 36%[1]。這時世界資本主義國家已經有 35 種貨幣先後進行貶值，而且多數比 1929 年的黃金平價貶值 40%~60%[2]，這就意味著這些國家都已經築起貨幣壁壘，防止外國貨物的傾銷和企圖打開本國產品的出路。在這樣的情況下，資本主義國家將生產品的傾銷矛頭集中指向殖民地和半殖民地，而中國則首當其衝。

中國因其特殊地位的關係，恐慌較各國更甚：第一，中國經濟依附於帝國主義，而被帝國主義剝削的半殖民地經濟，國際帝國主義者把其過剩的商品向中國的鄉村僻壤傾銷，而吮吸其膏血。於是中國的工商業被帝國主義的商品所打倒，中國的農村經濟亦日趨衰落；第二，中國歷年的天災人禍、外辱內爭、政局不安、社會騷動，都導致了中國農業、工商業的衰落。

---

[1]　林與權，陶湘，李春. 資本主義國家的貨幣流通與信用 [M]. 北京：中國人民大學，1953.

[2]　林與權，陶湘，李春. 資本主義國家的貨幣流通與信用 [M]. 北京：中國人民大學，1953.

一、中國農村經濟凋敝

1935 年之前，白銀在中國是通貨，在國外則是商品。當資本主義國家物價由於經濟危機的尖銳化不斷下降時，銀價也隨之下跌，但在中國，銀價的下跌意味著物價的升高。1948 年，盛灼三在《民國經濟史》以及《民元以來上海之物價指數》中指出，銀價下跌，中國貨幣購買力降低，而物價則相對上升，中國進口成本上升，但外國則可用相同的貨幣購買更多的中國的貨物。1930 年，上海物價指數平均為 104.8（以 1926 年為 100），隨著銀價的下跌，1931 年全年平均物價指數則上升至 126.7。按照正常情況，對於年年入超的中國來講，銀價下跌有利於對外貿易，可以擴大出口並減少進口，《中國銀行民國二十年度（1931）營業報告》指出，中國 1931 年入超反而較 1930 年增加了 30%，達到了 8 億 1 千多萬元。由此可知，西方資本主義國家向中國低價傾銷過剩產品，其產品價格下降的程度遠大於銀價跌落的程度。特別是農產品如棉花、小麥、大米、菸葉等進口價格甚至低於土產價格，根據《中國銀行民國二十年度（1931）營業報告》，1931 年，單單以上 4 種農產品的輸入，即達到 37,268 萬兩，比上年增加 6,300 多萬兩。根據《中國銀行民國二十一年度（1932）營業報告》，1932 年，中國銀價繼續下跌，紐約銀價每盎司由上一年的 28.701 美分下跌至 27.892 美分，同年 12 月 29 日，創下自有白銀市價以來的最低記錄——24.28 美分。但是由於美國等資本主義國家向中國跌價傾銷的幅度大於銀價的跌幅，而國民政府對進口加以放任，所以，1932 年的入超數字創造了 86,700 萬元的新紀錄。

內地農產品價格下跌速，農民需用品價格下跌緩慢（見表 2-1）。由表 2-2 可知，中國產品的購買力兩年間跌落 13%，農產品對農民需用品的購買力則跌落 27%。由表 2-3 可知，因糧食價格迅速下跌，中國糧食收穫數量呈現遞減趨勢；又由表 2-4 可知，中國農產品入超額逐年增加，中國農業生產出現危機。

表 2-1　　1931—1933 年江蘇省武進縣農產品購買力指數表

年份（年）	農產品賣出的價格指數	農用品買進的價格指數	農產品的購買力指數
1931	173	181	96
1932	162	183	88
1933	121	173	70

註：以 1910—1914 年的平均價格為基數。

資料來源：顧季高. 中國當前之貨幣改革問題 [J]. 東方雜志，1934（31），8.

表 2-2　1931—1933 年中國產品對外購買力指數與武進縣農產品購買力指數

年份（年）	中國產品對外購買力指數	江蘇省武進縣農產品購買力指數
1931	100	100
1932	90	92
1933	87	73

資料來源：顧季高. 中國當前之貨幣改革問題［J］. 東方雜志，1934（31），8.

表 2-3　1931—1933 年全國糧食產量與上海糧食價格指數表

單位：萬擔（每擔 100 斤）

年份（年）	稻生產量	折合米生產量（按 1/2 計）	進口米量對米生產量百分比	小麥生產量	進口小麥對小麥生產量之百分比	稻麥雜糧等總生產量	總生產量指數	上海糧食價格指數（1931 年為基年）
1931	82,693	41,346	2.6%	41,157	5.5%	155,845	100	100
1932	94,743	47,371	4.7%	41,054	3.7%	196,796	126	87
1933	86,032	43,016	5.0%	40,236	4.4%	158,633	102	74

資料來源：顧季高. 中國當前之貨幣改革問題［J］. 東方雜志，1934（31），8.

表 2-4　1931—1933 年中國主要進口農產品數量及價值表

品名	1931 年 數量（千擔）	1931 年 價值（千元）	1932 年 數量（千擔）	1932 年 價值（千元）	1933 年 數量（千擔）	1933 年 價值（千元）
米谷	10,741	98,884	22,487	185,758	21,419	150,107
小麥	22,773	134,618	15,085	80,752	17,716	87,871
麥粉	4,889	43,950	6,637	54,616	3,236	27,755
小計	38,403	277,452	44,209	320,126	42,371	265,733
棉花	4,653	275,080	3,713	185,179	1,994	98,161
糖		134,161		72,810		42,026
菸葉	1,242	74,725	588	36,801	403	26,156
總計		761,418		615,916		432,076
各年入超額		816,413		867,191		733,739
進口農產價值占入超的 %		93%		71%		59%
進口農產價值占進口總價值的 %		34%		38%		32%

註：①每擔重 100 斤；②1931 年和 1932 年東北各關數字均未除外；③1933 年進口糖價值減少過大，疑是關稅率提高後偷稅漏稅額增加所致。

資料來源：顧季高. 中國當前之貨幣改革問題［J］. 東方雜志，1934（31），8.

中國農村在世界經濟恐慌的打擊、國內軍閥戰爭水災、旱災的襲擊下，早已進入了慢性的農業恐慌階段，但是1931年的水災、旱災幾乎把中國農村的經濟基礎完全破壞了，因此農村經濟開始急速崩潰。自1931年以來，中國農村每年都受巨大災荒的影響，農民失業普遍化，田地的荒蕪與被掠奪，關卡及苛捐雜稅的剝削，使農民的生產力異常退化，農民過著極悲慘的生活：許多災區農民不得救濟而餓死，吃「觀音土」、吃樹葉草根是極普遍的現象，在安徽北鄉，甚至有人殺子而食，懸梁自盡的也比比皆是，有的災民到處流亡，有的進都市當乞丐，有的鋌而走險加入匪軍。據《上海日報》估計，最近五六年來（即1931年以後五六年），中國農村的災民，達4億人以上，這麼龐大的人口流亡，正表明中國農村破產到了非常嚴重的程度。

據賑務委員會報告，1934年，中國農村受災的省份有湖北、湖南、河南、河北、山西、陝西、四川、安徽、江西、綏遠、福建、廣東、察哈爾等省，總計受災縣數，達266個之多，受災田畝達33,406千畝（原有田畝為672,065千畝，1畝≈666.67平方米）。至於稻、高粱、玉米、小米、棉花、大豆的損失總值，達1,357,249,000元。最近幾年來，中國農村田畝，無年不減少，農產物的收穫量也無年不低落，農民的流離與死亡亦無年不增加。

然而中國農民大批流亡，且喪失耕地及生產工具，卻成為了外貨大量向華傾銷的絕好機會。中國農村在水災旱災與人禍的打擊之下，在帝國主義的商品侵略之下，在種種封建的盤剝之下，已貧困到了極致。

由於農村經濟的不景氣，一旦農民放棄農業生產，並轉移至城市尋找工作，隨之而來的農業生產力的降低將威脅到城市的食品供給，還會削弱政府的稅收基礎。如果農民的購買力下降，工業企業將面臨國內市場的萎縮，最終會損害城市的工業。也因為農業生產力下滑，政府將被迫提高稅率以彌補縮小的稅收額。這一沉重的負擔將進一步破壞農業生產，形成惡性循環。農村的蕭條就會輕而易舉地影響到整個經濟體系。①

由於農產品價格的慘跌和工農產品剪刀差的不斷擴大，農村經濟已經瀕臨崩潰的邊緣，而廣大人民的購買力普遍低落，反過來又使城市工商業趨於蕭條。1931年，上海市場已經開始不景氣，根據《中國銀行民國二十一年度（1932）營業報告》得知，1932年各行業營業額較上年又減少1/3，1933年較1932年下降15%。工業品滯銷，存貨堆積如山，價格也不斷下跌。民族工業也自1933年起進入艱苦掙扎的時期。

---

① 張嘉璈. 中國經濟目前之病態及今後之治療[J]. 中行月刊, 1932 (5), 3: 1-5.

20世紀30年代，農村經濟破產的最主要特徵是資金流向大城市，造成農村資金匱乏。而造成農村資金流向大城市的主要原因是城市和農村的貿易失衡。中國近代經濟發展緩慢，城市現代化進程較快，農村和城市間的貿易一般是農村出售原料、農產品或手工業品來交換城市的工業產品。而城市的工業產品物美價廉，逐漸取代了農村的手工業品，於是洋貨在農村中的使用越來越多，農村家中的用品以棉布、棉紗和煤油為主。在物美價廉的工業產品的傾銷之下，農民競相購買，增加了額外的支出，因為外貨的衝擊導致農村的手工業無法維持，於是農村的支出增加，收入也減少，對城市貿易的超級入超導致資金流向城市。

在農村對城市工業產品大量需求的情況下，要維持農村經濟的平衡，農村需向城市輸出等值的原料或農產品。但是，農村對於城市輸出的產值無法平衡城市對農村的輸出。一方面，是由於經濟的相對落後，現代化的金融機構未在農村出現或立足，調節農村金融的主導者仍為傳統的城市商人。另一方面，由於苛捐雜稅的索取無度，使得農民收貨之後急於將農作物脫手變現，造成了供過於求。因此，農村所生產的原料和農產品的價格被城市商人所操縱，價格被壓得很低，導致農村生產所得不能和輸入的工業產品達成平衡。

城市商人因其在農村經濟的支配地位，從農民手中獲得豐厚利潤，但是並未將其所得回饋農村或對農村進行投資，而是直接將資金運往城市。由於戰爭和天災等原因，農村生產力遭到嚴重破壞。而一般在農村的較富裕的人家，為逃避戰爭或躲避災荒，多移居城市，其家產等一併移入城市。除了商人吸取農村資金移入城市外，還有各色人群同樣將農村資金移向城市。如農村的知識分子到城市求學，攜帶農村資金到城市消費。還有貪官污吏、軍閥、土豪劣紳、土匪等在農村巧取豪奪，將所獲得的農村資金攜至上海等大城市進行奢侈性的消費。另外，失意軍閥攜款潛逃，也使得遊資集中於上海。於是農村資金向城鎮轉移，再由城鎮向城市轉移，最終由城市向大都市轉移。

在國內工農產品價格剪刀差不斷擴大的情況下，農村對比城市，常常處於入超地位。所以現銀就由農村不斷流入中小城市，再由中小城市流入大城市，造成農村金融枯竭、城市遊資擁塞。作為全國金融中心的上海，遊資的擁塞也最為突出。

內地農村破產，災害頻發，一般有資產的人們，都相繼地把現金移到上海，以期托庇於外人的保護，通常，僅僅影響於整個農村經濟的發展、每年入超差額應彌補的現款，尚不致流出很多。至於在中國的有資產的外國人，詐取中國人民的金錢，在上海或其他地方置產業，經營工商業，可是當世界經濟形

勢改變，那就不同了，外人可立即把上海的現銀吸收起來，運送至香港或直接運至國外，以謀巨利。

二、中國工商業衰落

中國的工業，處於嚴重的恐慌之中，很少有局部的繁榮，就全體看來，仍是恐慌深刻化的繼續。據一般的估計，1934年，上海各部門工業的開工率，都非常低下，紡織業僅有百分之七十五；制帽、水泥、針織業只有百分之七十；制糖、染織業只有百分之六十；油漆、印刷、電器器具業有百分之五十五；搪瓷、鐵器、火柴、熱水瓶、玻璃業有百分之五十；毛織物、制油業有百分之五十四；陶瓷業有百分之四十；橡膠業、造船業有百分之三十五；鐵工業有百分之二十五；生絲業有百分之二十。

中國工業逐年衰落，是由於農村的破產所引起的一般購買力的異常減退，但外貨的傾銷與在華外廠的壓迫，也是很重要的原因。關於外廠對中國工業的壓迫，試引下語，即「原來，日本在取消金本位之前，日金一元，合中國銀幣二元五角，其時日紗廠每一萬紗錠，平均用人工二百十九人，每一工人每日平均工資為日金一元二角，合中國銀幣三元，每萬錠工資為日金二百六十二元八角，合中國銀幣為六百五十七元。現在日金因取消金本位之故，已大跌特跌，照二月二十六日日中匯兌市價，中國銀幣一百元可掉日金一百三十一元，每一日金合中國銀幣七角六分三厘四，而日本紗廠每一萬紗錠，平均用工人已減少至一百六十四人，每一工人每日平均工資已減至日金一百二十九元五角六，合中國銀幣只有九十八元九角一分。比較往前日本金本位未取消時，每萬錠工資合中國銀幣六百五十七元，計減少五百五十八元零九分。日本共有紗錠八百萬枚，每日可節省四十四萬六千四百七十二元，全年以三百天計算，可節省一萬三千九百四十一萬六千元，照日本全年棉紗生產額約為二百六十萬包計算，則平均每包可減輕成本五十一元以上」（《申報月刊》四卷三號第十頁）。帝國主義攜其新式機器，殘酷地剝削工人，使其生產成本降低，以極廉價的商品來剝削中國大眾。中國工業外在的侵略與內在的市場狹隘化的夾攻之中，其衰落之速與日俱進，尤其近年來，全國各地工廠的停工、減工及倒閉者層出不窮，尤見其前途之黯淡。

《中國經濟年報》指出，「從1934年正月以後，上海全埠倒閉的商店多至300餘家，單是法租界大馬路停業商店即達17家之多，南京路上有被封資格的商店，竟達半數以上，這是1934年春季的情形。到了下半年，商店的倒閉，更是驚人，在秋季結帳的時候，就有10餘家典當鋪倒閉。至1934年結帳的時

候，差不多每天都有商店倒閉的消息。據各同業統計，在靠近年關的1個月中，上海大小公司、商店、工廠等，因週轉不靈而倒閉者，除一部分未報告外，英、法租界共達200家左右。若再加上南市閘北等處，即在大上海市以內，倒閉的商店至少已達300餘家。上海市商會在啼笑皆非之下，曾一度分呈各機關，要求工商業大結帳延期一年，以圖維持其苟延殘喘的現狀。這正是商業極度衰落中的呼聲」。

像這樣的情形，並不僅限於上海。全國巨大商埠，如天津、青島、漢口、南京、廣東、蕪湖等地倒閉的商店，隨處皆是。因此，商業的凋零，在中國經濟崩潰的進程中，扮演著一個重要的角色。

另外，中國財政因剿匪軍費及公路建設的龐大支出、海關及田賦收入的減少，國庫非常空虛。據民國二十一年及民國二十二年兩會計年度財政報告書所載，民國二十一年的海關收入以進口稅為大宗，可是，民國二十二年進口稅為265,610,000元，民國二十三年則減為160,215,000元。而財政的支出，卻逐年增加，其中軍費占全支出半數以上，即民國二十一年為320,672,166.88元，民國二十二年則增至372,895,202,052元。因此，收支相抵，每月不足1,780萬元。

三、中國對外貿易的入超

由表2-5可知，1890—1935年，中國有19年的白銀淨出口記錄（1890—1982年、1901—1908年、1914—1917年、1932—1935年）和27年的淨進口記錄（1893—1900年、1909—1913年、1918—1931年）。

由表2-6可知，1890年至1935年，中國對外貿易年年入超，而且大體呈遞增趨勢，尤其1930—1933年這四年，入超已經超過了4億海關兩。

表 2-5　　　　　　　1890—1935年經海關進出口的金銀淨值

單位：千海關兩

年份（年）	黃金進出口淨額（出超）	白銀進出口淨額（出超）
1890	-1,783	-3,558
1891	-3,693	-3,132
1892	-7,332	-4,825
1893	-7,459	10,804
1894	-12,774	26,387

表2-5(續)

年份（年）	黃金進出口淨額（出超）	白銀進出口淨額（出超）
1895	-6,624	36,685
1896	-8,114	1,720
1897	-8,512	1,642
1898	-7,704	4,722
1899	-7,640	1,271
1900	1,020	15,442
1901	-6,635	-6,098
1902	-9,410	-13,845
1903	平	-6,045
1904	8,446	-13,610
1905	7,059	-7,196
1906	3,840	-18,678
1907	2,450	-31,208
1908	-11,518	-12,267
1909	-6,821	6,841
1910	-977	21,795
1911	1,522	38,306
1912	7,458	19,249
1913	-1,386	35,968
1914	-13,001	-13,623
1915	-17,392	-18,382
1916	11,801	-28,678
1917	8,847	-20,988
1918	-1,053	23,495
1919	41,182	53,125
1920	-17,502	92,639
1921	-16,461	32,431

表2-5(續)

年份（年）	黃金進出口淨額（出超）	白銀進出口淨額（出超）
1922	4,123	39,573
1923	-5,667	67,196
1924	-9,735	26,002
1925	-1,038	62,524
1926	-7,598	53,204
1927	-1,299	65,084
1928	6,059	106,395
1929	-1,971	105,826
1930	-16,535	67,006
1931	-32,110	45,445
1932	-70,174	-6,672
1933	-44,523	-9,257
1934	-33,099	-164,780
1935	-24,846	-38,124

資料來源：①徐雪筠.上海近代社會經濟發展概況（1882—1931）[M].上海：上海社會科學出版社，1985.②鄭友揆.中國的對外貿易和工業發展（1840—1948）[M].上海：上海社會科學出版社，1984.

表2-6　　　　1890—1935年中國對外貿易統計

單位：千海關兩

年份（年）	出口淨值	進口淨值	總值	貿易平衡
1890	87,144	127,093	214,237	-39,949
1891	100,948	134,004	234,952	-33,056
1892	102,584	135,101	237,685	-32,517
1893	116,632	151,363	267,995	-34,731
1894	128,105	162,103	290,208	-33,998
1895	143,293	171,697	314,990	-28,404
1896	131,081	202,590	333,671	-71,509
1897	163,501	202,829	366,330	-39,328
1898	159,037	209,579	368,616	-50,542

表2-6(續)

年份（年）	出口淨值	進口淨值	總值	貿易平衡
1899	195,785	264,748	460,533	−68,963
1900	158,997	211,070	370,067	−52,073
1901	169,657	268,303	437,960	−98,646
1902	214,182	315,364	529,546	−101,182
1903	214,352	326,739	541,091	−112,387
1904	239,487	344,061	583,548	−104,574
1905	227,888	477,101	679,989	−219,213
1906	236,457	410,270	646,727	−173,813
1907	264,381	416,401	680,782	−152,020
1908	276,660	394,505	671,165	−117,845
1909	338,993	418,158	757,151	−79,165
1910	380,833	462,965	843,789	−82,132
1911	377,338	471,504	848,842	−94,166
1912	370,520	473,097	843,617	−102,577
1913	403,306	570,163	973,469	−166,857
1914	356,227	569,241	925,468	−213,014
1915	418,861	454,476	873,337	−35,615
1916	481,797	516,407	998,204	−34,610
1917	462,932	549,519	1,012,451	−86,587
1918	485,883	554,893	1,040,776	−69,010
1919	630,809	646,998	1,277,807	−16,189
1920	541,631	762,250	1,303,881	−220,619
1921	601,256	906,122	1,507,378	−304,866
1922	654,892	945,050	1,599,942	−290,158
1923	752,917	923,403	1,676,320	−170,486
1924	771,784	1,018,211	1,789,995	−246,427
1925	776,353	947,865	1,724,218	−171,512
1926	864,295	1,124,221	1,988,516	−259,516
1927	918,620	1,012,932	1,931,552	−94,312
1928	991,355	1,195,969	2,187,324	−204,614
1929	1,015,687	1,265,779	2,281,466	−250,092

表2-6(續)

年份（年）	出口淨值	進口淨值	總值	貿易平衡
1930	894,844	1,309,756	2,204,600	-414,912
1931	909,476	1,433,489	2,342,965	-524,013
1932	492,641	1,049,247	1,541,888	-556,606
1933	392,701	863,650	1,256,351	-470,949
1934	343,527	660,889	1,004,416	-317,362
1935	369,582	589,994	959,576	-220,412

資料來源：鄭友揆. 中國的對外貿易和工業發展（1840—1948）[M]. 上海：上海社會科學出版社，1984：334-337.

而國際金融貨幣理論則認為，當一國的對外貿易長時期出現逆差時，該國必須運現（金銀）抵補。但是近代中國的商品貿易和白銀貿易經常出現同時入超的情況，是令人不解的，因為一個國家輸出黃金或者白銀通常是為了支付過量的進口。中國輸出的黃金無論是數量還是價值都微不足道，無法解釋這種貿易的不平衡現象。

自鴉片戰爭後，中國則成為資本主義國家工業品市場和原料的來源地。中國的對外貿易主要是出口國內廉價農業品和進口國外高附加值的工業產品，中國農業在貿易中處於不利地位。此外，對於外國工業產品的大量進口，也不利於中國工業的發展。並且中國工業結構佈局不合理，大部分工業企業集中在沿海大都市，內地工業企業稀缺，只能靠進口工業產品抵補，這也是導致中國內地貿易入超的原因之一。

在「世界資本主義經濟危機」期間，西方資本主義國家生產過剩、經濟蕭條、消費衰退，導致大量工農業商品向中國傾銷，而中國之前對外出口的農業產品滯銷，加之生活必需品的消費剛性，導致內地資金大量外流，引起內地尤其是農村的危機。工商企業也因資本主義國家的商品傾銷所衰退，更有大量工廠企業停業，這極不利於中國的經濟發展。而沿海大都市則因其特殊的地理位置，在對外貿易中，大量資金流入，從而導致遊資充斥，容易造成金融投機行為，從而引發金融危機。

第三節 畸形發展的中國金融業

中國金融界，是一個比任何國家的情形都要複雜的組織。形成中國金融市

場的，有三個矛盾的集團，即外商銀行、華商銀行、舊式錢莊。外商銀行完全是侵略性質，它對於中國的一切投資、借款、發行鈔票，無一不使中國經濟愈趨於貧困，使中華民族愈趨於殖民地化。所以外商銀行在中國經濟財政金融上的籠罩，正說明中國經濟受制於帝國主義的標志。錢莊是中國的封建金融勢力，它有悠久的歷史，在社會上有根深蒂固的基礎。它一方面和外商銀行、買辦勾結，融通資金，為外商銀行推銷資本和洋貨；另一方面和國內官僚地主勾結，吸收存款，推廣營業，從而發展中國民族金融資本，爭取中國經濟的獨立，此外，對外反對外商銀行的支配，對內反對封建金融勢力，也是極重大的任務。因為在華外國金融資本和錢莊的存在，很大地阻礙了中國民族金融資本勢力的發展。

事實上，中國對外貿易的金融幾乎都被外國銀行所把持，而中國的金融機關都局限於國內農業、工商業、金融業。但是中國銀行及其錢莊，沒有隨中國農業、工商業的不景氣而崩潰，反而呈現繁榮之勢，其原因是中國的銀行和錢莊，一部分已經與國內的工商業絕緣，而走上另外一條投機的道路。將資金投入公債、賭博、地產等行業。

一、都市金融業遊資充斥

中國銀行業的發達，是由於新帝國主義商品侵入農村，農村的資金流向都市，尤其是集中於上海。上海是列強對華侵略的中心，因而也是資金集中城市的總匯。但是這集中於上海的資金，因為支付貿易上的平衡，有逐漸流向國外的傾向。由此看來，中國銀行業的發達，不過是在國際帝國主義者剝削中國半殖民地經濟的過程中，拾得一點餘唾而已。

1931—1932年，國外白銀輸入中國，採取傾銷的方式。因中國當時維持銀本位，白銀這種商品在世界市場上滯銷，則輸入中國能帶來一定的利潤。如作為普通商品的白銀被西方國家堆積在倫敦和紐約，不但一時找不到出路，還要支出一筆很大的棧租和保險費。而運到中國來，棧租和保險費是不用支付的，因為白銀能很快鑄成銀幣，從而獲得厚利。因此，世界白銀拼命往中國傾銷，價格也就急速跌落。美國的批發物價從1931年到1932年，比1929年跌落了26%，而白銀價格竟跌落了40%，則可以證明當時白銀傾銷的程度。

白銀的傾銷在中國造成的是一種虛假的繁榮，而這種繁榮則是未來金融危機的開端。在這種「繁榮」中，中國一般勞動大眾仍然過著較之前更苦的生活。現銀的集中都使上海和別的都市的地價飛躍上升，而房租也很快漲起來，同時一般商品的零售價格也都提高了。而白銀的集中都造成日後大批流出的依

據，因此也是後來金融危機的先導。

《中國銀行民國二十一年度（1932）營業報告》指出，上海中外銀行的庫存總額在逐年增長之中，不過自1932年起，其速率就更加顯著，1932年年底比1931年年底增加17,000餘萬元，其庫存總額為438,339千元；1933年年底又比1932年年底增加10,900餘萬元，其庫存總額為547,446千元。據中國銀行估計，1932年從內地流入上海的現銀，平均每月為600萬元。《中國銀行民國二十一年度（1932）營業報告》指出，以前每年四月絲茶上市，內地現銀所需現銀巨大，大部分由上海流出，但是1932年4月從內地流入上海的現銀反而達到2,200萬元。《上海商業儲蓄銀行民國二十二年度（1933）營業報告》指出，1933年，內地現銀繼續流入上海，據上海銀行調查，這年「自華北各地流入合計兩千四百萬元，自華中長江流域流入約伍仟萬元，自華南流入約六佰萬元」。因此，這一時期上海的銀行和錢莊的存款都激增。一家普通匯劃錢莊存款平均有四五百萬兩，較大的錢莊存款達五六百萬兩①。

表2-7　　　　　　　1932—1934年私營銀行存款統計

存款(千克) 銀行 年份(年)	商業銀行	農工銀行	華僑銀行	專業銀行	儲蓄銀行	合計	指數
1932	716,935	136,604	79,358	121,043	18,511	1,072,451	100
1933	848,357	177,438	129,551	141,960	31,735	1,329,041	123.93
1934	1,006,454	212,825	145,717	172,834	41,389	1,579,219	147.25

從表2-7看出，三年內銀行存款增加了47%，即5億元。上述數字包括各銀行總行和分行在內，其營業重心都在上海。在這三年中，市場利率最低時不到年息一厘，從這可以看出當時遊資泛濫的程度。②

---

① 中國人民銀行上海市分行. 上海錢莊史料[M]. 上海：上海人民出版社，1960：253.
② 中國人民銀行上海市分行. 上海錢莊史料[M]. 上海：上海人民出版社，1960：634-641.

表 2-8　　　　　　　　1934 年上海中外銀行現銀存底數目表

單位：千元

月別	華商銀行 庫存額	百分比（%）	外商銀行 庫存額	百分比（%）	總計 庫存額	百分比（%）
1月	284,557	50.81	275,520	49.19	560,077	100.00
2月	285,487	51.55	268,296	48.45	553,783	100.00
3月	337,439	57.24	252,028	42.76	589,467	100.00
4月	344,226	57.95	249,797	42.05	594,023	100.00
5月	336,884	56.71	257,172	43.29	534,056	100.00
6月	337,632	57.92	245,266	42.08	582,898	100.00
7月	330,598	58.74	232,205	41.26	562,803	100.00
8月	309,552	62.84	183,067	37.16	492,619	100.00
9月	309,972	68.69	141,322	31.31	451,294	100.00
10月	309,395	75.30	101,496	24.70	410,891	100.00
11月	299,926	82.71	62,713	17.29	362,639	100.00
12月	280,325	83.68	54,672	16.32	334,997	100.00

　　由表 2-8 可知，1934 年前 5 月，上海中外銀行庫存額相繼擴大，6 月以後，特別是 8 月以後，因美國實行白銀政策，導致世界銀價飛漲，上海中外銀行的庫存（尤其是外商銀行）通過支付手段以商品形態流向海外。僅就數字本身而言，遊資集中上海的現象自 6 月以後好像就消失了，但是實際上，中外銀行庫存的減少是由於白銀的外流，而且外流的速度超過集中的速度。譬如 1934 年前 5 個月中，白銀仍出超 1,582,801 元，單因現銀集中速度過快，中外銀行庫存仍有增加之勢。而 6 月至 10 月這 5 個月中，白銀出超額達 235,056 千元，而庫存總額減少 183,165 千元，這就是因為這 5 個月內至少有 5,000 餘萬元從鄉村集中到上海，只是集中的數量不及外流的數量而已。

　　內地農村的資金，在天災人禍與帝國主義及封建勢力的重重壓迫之下而流向都市，於是農村枯竭，農民購買力減退，工商業也因此日漸衰落。如表 2-9 所示。表中除火柴、油漆及熱水瓶三業稍有增加外，其餘各業都普遍沒落，銀行對此不敢放款投資，銀行的遊資沒有出路，銀行的拆息便逐年降低。如表 2-10 所示。

表 2-9 民國各行業營業額表（1930年各行業營業額消長指數為100）

指數\行業 年份（年）	1931年	1932年	1933年
棉紡業	78	52	35
染織業	125	110	80
絲織業	160	110	90
面粉業	120	85	50
火柴業	120	135	140
搪瓷業	158	126	95
化妝品	120	75	85
調味粉	112	135	100
棉織業	128	110	110
毛織業	89	65	85
針織業	100	70	50
卷菸業	115	105	80
橡膠業	200	135	80
油漆業	128	137	185
機器業	125	81	73
熱水瓶業	100	120	150

資料來源：尤保耕. 中國金融之危機及其救濟方案［J］. 新中華，1934.

表 2-10　　上海1926—1933年銀行拆息表

年代（年）	拆息全年平均數
1926	0.15
1927	0.08
1928	0.13
1929	0.13
1930	0.07
1931	0.13
1932	0.10
1933	0.06

資料來源：尤保耕. 中國金融之危機及其救濟方案［J］. 新中華，1934.

二、都市金融業投機盛行

銀行業雖不得志於農工商業，但一方面遊資充斥，銀行吸收存款力擴大，一方面信用降減，銀行放款力縮小，以致產業界常苦於資金週轉困難，金融業深感資金投放無門。1934 年 6 月 9 日，上海各報登載銀行界領袖林康侯氏的談話，他說：「本人對於銀行界投資內地農村，企圖恢復農村經濟，非常贊成；但目前銀行界在內地之投資，僅數百萬元，此數殊嫌太小。」對於民族工業方面，銀行界雖然也有一定程度的放款，但是比起政治借款或是公債購買來說，是微不足道的。而且貸款的動因並不是為了如何振興中國的產業，而是因為民族工業瀕於破產之境，假使不給予最後的資助，原來的舊欠款就要完全變為倒帳。1934 年下半年，不少銀行對申新紗廠的貸款就是這樣發放的。但是申新依然窘迫，依然需要多方面地向日美銀團接洽千萬元的借款，以圖廠務之復興。由此可看出，中國金融業對於農工商業的投資是極為有限的。

在工商業蕭條的情況下，標金、國民政府的公債、上海租界的房地產以及外國金融機構的債券和股票就成為遊資的主要投資對象。

標金，是標準金條的簡稱。中國是世界上有名的入超大國，對於外匯的需求必然旺盛。同時，中國又是銀本位國家，在貨幣制度上與英美日等國家是截然不同的兩個體系，標金市場成為外匯市場不可或缺的調節機關。在對外貿易中，輸出物品所收到的貨款為金幣，輸入商品也須以金幣支付，因此常發生金銀折算兌換的情況。由於金銀比價漲落不定，致使經營國際貿易的商人須擔負外匯行市的風險。為降低風險，產生標金，由商人購儲，作為國際結算中的支付手段。[1] 比如，一家銀行賣出外匯過多的時候，想要避免將來銀價跌落，就需在賣出外匯的同時買進同期的標金，因標金和外匯同是金質的，市價不會相差很遠。但是，標金市價也會和其他物價一樣波動，加之「一二八事變」之後，上海標金市場的結價標準由日匯改為美匯，而美匯自美國放棄金本位之後，其市價漲落則一日數變，相差甚大。由於金銀比價變動頻繁，國外匯率市場變動亦隨時影響標金漲跌，而標金交易中的期貨交易，在未到期以前，買者可以轉賣，賣者也可以買回，在一買一賣之間多屬買空、賣空，並不做實際交割，僅為差額金的收付，給了投機者可乘之機。由於世界貨幣戰爭激烈，世界金價時而激漲，時而激落，瞬息之間，利損懸殊。因此，一般擁有大量資金的金融業者，遂利用此變幻無常的機會，從事投機活動。投機者甚至可以大筆資

---

[1] 洪葭管，張繼鳳. 近代上海金融市場 [M]. 上海：上海人民出版社，1989.

金介入，控制標金價格而不受銀價及外匯的支配。① 看準時機大撈一筆者固有其人，因而損兵折將、傾家蕩產者也不乏其人。② 上海標金市場的漲跌不定與投機性，以 1935 年最為典型。該年為標金市價變化最劇烈的一年，每條金價最高達 1,087 元，最低只有 665.5 元，相差 420.5 元。

公債是國民政府進行內戰而籌措軍費的主要工具。從 1927 年到 1934 年，由財政部發行的內債共有 32 種，票面金額達到 13.06 億元。這些公債的利率很高，加上結算折扣，平均利息在一分五厘以上，這對於擁塞上海的遊資具有很大的吸引力。據中國銀行估計，1934 年前後，全中國的銀行有價證券約在 5 億元上下，其中大部分為國民政府發行的各種公債，發行總額在 20 億元以上，其中四分之一為銀行保持，另有四分之一由發行或者領用鈔券的銀行和錢莊作為發行的準備金。剩下的 10 億元以上的有價證券則充斥於金融市場，占發行總額的一半。③

一個國家的收入完全依賴於租稅和國有事業，但兩者的收入仍不敷開支，只有借債度日。中國財政向來是入不敷出的，從前，北京政府都向國外舉債，國內公債僅占一小部分；自從民國政府成立，以不借外債為口號，但連年軍政費的支出浩大，不得不走向借債之路。

如表 2-11 所示，從 1927 年至 1932 年年底發行內債的數量可以看出，政府的公債與銀行結下了不解之緣。但是「一二八事變」則驚醒了上海證券市場的繁華夢，公債還本期限延長，利率也降低了，從前有年息 8 厘、月息 7 厘或 8 厘的，現在都改為年息 6 厘或月息 5 厘。

表 2-11　　　　國內發行內債表（1927 年至 1932 年年底）

名稱	發行總數（元）	已償還數
續發江海關二五庫券	40,000,000	29,400,000
軍需公債	10,000,000	3,232,000
善後短期公債	40,000,000	30,800,000
十七年金融短期公債	30,000,000	12,300,000
十七年金融長期公債	45,000,000	
十八年賑災公債	10,000,000	3,400,000

---

① 楊蔭溥. 中國金融論 [M]. 上海：上海商務印書館，1930.
② 施正康. 上海標金與房地產風潮 [J]. 檔案與歷史，1985，1：84.
③ 中國銀行. 民國二十六年（1937）全國銀行年鑒 [M]. 上海：漢文正楷印書局，1937.

表2-11(續)

名稱	發行總數（元）	已償還數
十八年裁兵公債	50,000,000	16,500,000
十八年關稅庫券	40,000,000	21,438,494.18
十八年編遣庫券	70,000,000	23,380,000
十九年關稅公債	20,000,000	4,790,000
十九年卷菸庫券	24,000,000	14,663,000
十九年關稅短期庫券	80,000,000	23,360,000
十九年善後庫券	50,000,000	11,440,000
二十年卷菸庫券	60,000,000	10,764,000
二十年關稅庫券	80,000,000	11,520,000
二十年統稅庫券	80,000,000	9,920,000
二十年鹽稅庫券	80,000,000	8,320,000
二十年賑災公債	30,000,000	2,100,000
二十年金融公債	80,000,000	640,000
江浙絲業公債	6,000,000	300,000
海河公債	4,000,000	1,400,000
共計	929,000,000	239,667,494.18

資料來源：尤保耕. 中國金融之危機及其救濟方案［J］. 新中華, 1934.

1933年春，日本占據熱河，北平政務委員會因為軍費支出緊張，遂呈準國民政府發行國庫券2,000萬元，月息5厘，分45個月償還本息，基金由財政部在卷菸通水的收入項目下撥出。後來，華北軍事暫停，又發行關稅庫券1億元，以償還抗日軍時期內各銀行的墊款。繼關稅庫券之後，又有華北救濟戰區短期公債的發行，定額400萬元，年息6厘。1934年1月，又發行廣水庫券1億元；同年2月，又以意庚款為擔保，成立4,800萬元的借款。綜上所述，可見政府是在借債度日。銀行資本正苦於過剩，投資於工商業風險太大，投資於公債，比較有保障，拆息也比較優厚。銀行則在公債的麻醉劑下，而呈畸形的發達了。但是政府歷年所舉公債，都是用來支出軍政費用，從未拿來作生產之用，故其背後毫無保障，雖有抵押品，但是靠借債、還債，漏洞越來越大，抵押品最終將無法保障，後來則會陷入破產的深淵。

上海的銀行大量購置公債，原因有二：第一，一般債券在發行或者抵借的

時候，往往按六七折計算，而還本付息則照票面十足計算，所以儘管發行條例上所規定的利率是6厘或8厘，實際所攤得卻往往在二三分以上，這就使以利潤為經營主導的銀行家心動了。第二，一般發行銀行按發行條例須做足準備，其中十分之四五可以債券充當，這樣債券就隨著發行額的膨脹而大量存在於發行銀行的準備庫裡了。1934年7月，立法院頒布《儲蓄銀行法》，其中第9條規定儲蓄銀行或銀行的辦理儲蓄者，應提儲金總額的四分之一，按照市價折實數目，購置政府債券，交與中央銀行保管，以為儲戶保證。此類法令的推行自然促使銀行與公債更為親近。

1934年，政府發行了新的公債，如年初的關稅庫券1億元、五六月間的鐵路建設公債和玉萍鐵路公債各1,200萬元，同期的150萬金鎊的英庚款6厘公債、水旱災後江浙兩省的4,000萬公債，以及後來的1億元金融公債等，並且其發行方式也有重大變化。之前，政府將其債券向民間攤派，而1934年後，只向銀行抵押現款，不流通於市面。這不但使債券市價上漲，而且使籌現也增速了不少。銀行家們樂於承受，除去優厚的利潤外，一部分也是因為當時的財政危機將搖撼政治的安定和銀行業本身的存在。

1934年後，債券市場的繁榮是建築在以上人為的政治和投機心理之上的，所以只要有微微的政治變動，債券市場就會受到影響並頻頻下跌，甚至崩潰。

銀行業除向標金、公債投資以外，還對地產投資，因農村經濟衰落，農村人口都向都市逃亡，都市人口膨脹，都市地價因此飛漲，尤其是上海；上海地價的騰貴，據普益地產公司統計，自民國十五年至十九年，上海地價總額漲達28億元，其中民國十九年占百分之五十以上。銀行界因此大獲其利。1920年，在上海的美國花旗銀行首先接受房地產押款。[①] 中國銀錢業看到租界房地產有資本主義銀行做後盾，認為它可以作為可靠的抵押品，從而逐步促進上海房地產的投機買賣。到1930年前後，隨著上海遊資的泛濫，在資本主義國家的操縱下，地價飛漲。據《上海地產月刊》統計，1930年，上海租界和越界築路區的房地產成交總額達9,100萬元，1931年增加了1倍，達到了1億8,340萬元。據《中行月刊》第7卷第5期統計，1926至1930年，上海租界地價總值漲至28億元，到1933年估計在35億元以上。當時，外國在上海的一家最大的地產公司——英商業廣地產公司因地產投資和投機獲得了巨大的利潤。這家公司從1918年到1926年，每年利潤只在140萬元以內；從1927年起到1929年，每年利潤有所增加，但沒有超過232萬元；到了1930年和1931年，每年

---

① 中國人民銀行上海市分行. 上海錢莊史料 [M]. 上海：上海人民出版社，1960.

利潤達到472萬元，創造了該公司歷史上全年利潤的最高紀錄。①

據《申報》記載，在1934年5月，上海房產公會呈給市參議會的意見書中提到：

「上海地方，工商輻輳，人口近四百萬，市區占數百方里，連同租界內地，除去公用及道路外，繁盛區域，以畝數計算，不下十萬畝。每畝平均作價一萬元，約值十萬萬元，實際決不止此數。從前建築向無統計，據普益地產公司報告，最近八年新建築約價五萬萬元；加舊時建築，當在二十萬萬元左右……上海房地產主與內地完全不同，內地業主必先有餘財，方能置產，貽之子孫，世守其業，且契稅較重，移轉較少。上海則完全營業性質，以三四成之墊本，即可購置產業，向中外行商抵押六七成之借款……今以三十萬萬之總數，除少數中外業主及各銀行所置產業不需押款外，其餘散戶，至少每三分之二，平均作六成抵押，已須十二萬萬之銀根；此十二萬萬之借款，無非攤在上海中外行商。」

除了上述報告外，如表2-12所示，各行儲蓄部吸收來的存款，一般來說大概有16%用來購買有價證券，40%用來經營抵押放款，而放款的內容大部分是以房地產押款、證券押款為主。由上述可見銀行業對房地產押款的狂熱經營。除了銀行業外，錢莊業當然也不會放棄投機的機會。若干匯劃錢莊如福源、敦餘、福康、同潤、存德、五豐等也興建營業大廈。每家行莊投入資金少者十餘萬至數十萬元，多者達數百萬元。大小行莊都把承做上海市房地產押款當作資金運作的主要手段。當時很多投機者利用機會，紛紛組建地產公司，到行莊押款，購買地產，再去進行押款，繼續購買地產進行押款，往往一百萬元資本可以購入幾百萬元的地產。

表2-12 上海各行儲蓄部抵放款業務概況表（1934年12月底截止）

單位：元

行別	存款	抵押放款	有價證券
中國銀行	434,740,371	197,761,117	25,364,330
上海商業儲蓄銀行	37,968,736	19,988,935	7,796,200
滬區交通銀行	10,532,060	3,133,690	3,286,298
中南銀行	16,556,787	6,877,810	4,722,992

---

① 藍天照.帝國主義在華投資探實[J].學術月刊，1947（7）.

表2-12(續)

行別	存款	抵押放款	有價證券
浙江實業銀行	12,691,462	3,097,102	3,561,701
中孚銀行	2,742,593	533,353	1,369,022
中國國貨銀行	2,538,852	1,107,339	744,553
上海東萊銀行	1,157,311	440,504	612,333
江浙商業儲蓄銀行	648,951	226,916	319,289
中國通商銀行	8,783,020	1,913,638	2,121,962
四行儲蓄會	93,798,459	28,095,102	42,524,244
大陸銀行	18,175,142	5,873,861	7,816,839
合計	640,333,744	169,054,367	100,239,733

資料來源：中國經濟情報社.中國經濟年報第一輯[M].上海：上海生活書店,1934.

除了進行地產押款外，上海許多銀行紛紛擴建，興築大樓。上海的一些主要建築，如四行儲蓄會大樓、大陸商場、國華銀行大樓、墾業銀行大樓、上海銀行大樓、廣東銀行大樓、中匯銀行大樓和中國通商銀行大廈均在這一時期先後落成。

金融業瘋狂地對房產進行投資，是因為上海是資本主義國家侵略中國的中心市場，它總是扮演著半殖民地性質的虛假繁榮，同時又是內地軍人和官僚地主的苟安之所，而這些因素都支持著上海的高額房租，使它成為過剩遊資的角逐對象。《中國經濟情報》指出，「一二八事變」之後，上海地產交易額由1932年的1,775萬元增加到1933年的4,300萬元，公共租界和法租界的建築投資額在相同期間由3,673萬元增加到4,942萬元。而商業的蕭條以及大眾房租負擔能力的日益薄弱，使得上海市的空屋率有所提高。這時可以看出，對於房地產押款的經營出現了一定風險。

房地產業的繁榮，完全是遊資泛濫、信用膨脹下的一種虛假繁榮，一旦白銀外流，遊資消失，信用緊縮，物價下跌，房地產業就會立刻受到致命打擊。到了這個時候，金融業自己的房地產投資以及占他們放款比重最大的房地產押款也就成了壞帳、呆帳。這就為後來發生的金融危機埋下了伏筆。

中國銀行從事投機買賣，這素來被視為銀行業務的重要部分。地皮投機，過去乃成為投機事業中最興旺、最有利的對象。因當時中國農村經濟崩潰，不如現今猛烈，都市經濟的基礎比較牢固，都市經濟日臻繁榮，因而都市人口集中、工商百業興盛、房屋增修、地價激漲，今日購進地皮，明日則獲利10倍，

所以都市地皮，遂成為聚集大量資金而無從消化的銀行的最適當的投資對象。近年以來，受農村經濟凋敝的影響，都市經濟也相繼不振，工商各業皆極衰頹，商店工廠倒閉，空房增多，地價遂落；以前擁有商價地皮的人，至今皆受損不小。

標金的危險，其情形乃與地皮相反。由於世界貨幣戰爭十分劇烈，世界金價時而激漲，時而激落，瞬息之間，利損懸殊。因此，一般擁有大量資金的金融業者，遂利用此變幻無常的機會，從事投機活動。

金融業畸形發展，但仍不爆發危機的原因有：①世界銀價低落，不但中國存銀不致流出，且世界銀貨尚有向中國輸入者，因此中國金融業乃得挹註之效。②遊資集中於大都市，銀行吸收存款力強，故不致捉襟見肘。③政府以債還債，信用尚未失去，故人心尚穩定。

在此等基礎上建築的中國金融業，其發展規模愈大，其前途危機愈增。若上述3項維持條件一有變動，金融業隨時有爆發危機的可能。這蓬勃一時的金融業的幕後潛伏著莫大的危機，一旦爆發，免不了墜入農工商業趨於沒落的泥坑。

在中國的社會裡，存在著3種勢力，即帝國主義、封建殘餘、民族資本階級。這3種勢力是相互矛盾著的統一體。這3種勢力在中國社會裡面，形成了極為複雜的畸形形態，在中國社會的每一個部門裡都滲透了這3種勢力。同樣，金融業也是如此。

在金融資本陣營中，存在著軍閥、官僚、地主的成分。因為中國金融業的銀行不是產業發展的產物，它的資本構成不純粹是工商業資本家和銀行資本家聯合組成的，其中大軍閥、官僚、地主的投資占相當大的數量，而且銀行的行政上，軍閥、官僚往往占支配地位，這和資本主義國家金融寡頭和金融資本家支配政治的情形完全不同。

中國由於沒有相當雄厚的工業資本，足以供發展的銀行業進行投資，銀行資本的投資目標則選擇商業資本和財政。而銀行對於地產的投資，則是投資商業資本的典型；而對於公債的投資，則是財政投資的結果。而中國的地產表面上看起來是一種資本主義式的企業，但其實質上不過是地主獲利的工具。中國的地產在它的投機性及其社會作用上，都富有較高的封建色彩。而公債的發行，本來就不是為了振興產業或者救濟農業，其主要任務就是為了彌補財政空缺和從事非生產事業的建設。

因為中國國民經濟處於半殖民地的地位，中國金融發展畸形，銀行資本與產業資本的關聯淺淡。通常中國銀行的業務，多不涉及產業部門的放款投資，

而主要集中於商業的貼現、押匯、商業放款等方面以及地皮、標金、公債、外國匯兌等投機事務。中國銀行對於商業部門的投資，在經濟情況良好的時候，因為作為中國商業經濟基石的農業經濟尚未達至破產的境地，農民對於商品的購買力巨大，商品銷售若沒問題，商業利潤就可實現，因而商業放款與投資可靠而利厚。但隨著世界經濟危機對中國經濟的破壞、中國農村經濟因種種關係被摧毀、農村資金外溢於都市，致使目前中國農村資金缺乏，達到極點，農民之貧困，生活之艱難，出人意外。無數農民匪特無餘資以從事生產，即購買極少量與極粗劣的食糧的資金都缺乏，立於饑餓死亡的線上。中國農民達於如此之局勢，將從何來談擴大消費都市的商品，共計都市的利益？因此，中國農村經濟近年來極度崩潰，自然必使中國都市經濟的基礎瓦解，而金融業也將覆滅。

第四節　弱勢外交與中日矛盾的白熱化

一、資本主義國家對於中國經濟的控制

帝國主義對華侵略，首先用武力打開中國的門戶，占領中國土地，迫使中國與之締結不平等條約，在政治上使中國完全屈服，更進一步支配中國。帝國主義為達到完全支配中國的目的，專靠政治力量，尚不能盡其任務，進行經濟侵略，即財政資本的支配，才能使中國由半殖民地進而轉為殖民地。

帝國主義對華的經濟侵略，採取著3種方式，即商品輸出、政治投資、貨幣剝削。商品輸出使廣大的中國民眾的消費資金受到剝削，使其成為帝國主義商品所支配的奴隸；政治投資，掠奪了中國的鐵路、航運、礦山的產業自主權利，同時支配了中國的政府財政；而貨幣剝削，不僅破壞了中國貨幣制度的發展，阻礙了中國金融業的前進，中國苦勞大眾的生活資金也受它剝削。所以，外商銀行的貨幣，是最殘酷的壓榨中國民眾的工具。這3種剝削方式，從表面上來看，似乎是各具一體的，然而實質上，是互相聯繫著的一個統一體的3個方面。這3種形態，在對一個平等的國家來說，即帝國主義國家往往是各自為政的，但是對於中國，卻完全不同。帝國主義對於中國的商品輸出和政治投資，幾乎全是由它的代理人——在華外商銀行來執行的。例如外貨進口，百分之九十要經過洋行之手而轉入中國買辦及內地，外國對華投資，中國舉借外債，也全由外商銀行辦理，所以帝國主義對中國的商品和財政資本的侵略，是以在華外商銀行為中心的。

19 世紀末 20 世紀初，帝國主義國家對中國的經濟侵略由以商品的輸出為主轉為以資本輸出為主，帝國主義國家在華銀行的作用越來越重要。它們或聯合或單獨竭力向中國輸出資本，控制中國金融業。外商銀行由帝國主義政治軍事勢力的保證來維持其信用。憑藉著不平等條約的保障，他們在中國經營存貸款、把持匯兌、發行鈔票、投資企業經營，通過對中國政府的貸款等手段，使帝國主義從金融上控制、掠奪中國，把中國變為半殖民地的重要工具。

19 世紀 40 年代，外商銀企就在中國出現。英國麗如銀行是最早出現在中國的外國金融機構。1845 年，英商麗如銀行於香港設立分行，並在廣州設立分理處。1847 年，麗如銀行開始在上海設立機構，而上海當時才開埠不久，「還只有 3 名外國醫生，律師們的腳步還沒有踏上這塊土地」[①]。在麗如銀行之後，相繼設立的是英商麥加利銀行和匯豐銀行分行。第一次世界大戰之後，外國銀行數量明顯增加。外商在華銀行的設立情況如表 2-13 所示：

表 2-13　　外國在華銀行歷年設立統計表（1894—1936 年）　（單位：個）

年代（年）	英國 總行	英國 分行	美國 總行	美國 分行	法國 總行	法國 分行	德國 總行	德國 分行	俄國 總行	俄國 分行	義大利 總行	義大利 分行	日本 總行	日本 分行	其他 總行	其他 分行	合計 總行	合計 分行
1894 前	4	12		1		1	2			1				1			8	26
1895—1913		5	1	4	3	12		11	1	14	1	1	3	28	3	9	12	84
1914—1926	2	9	9	25	2	11					2		7	34	1	2	23	84
1927—1930			2	4									13	12			15	16
1931—1936	2	2	1	1										8			11	3
歷年累計數	8	28	13	34	6	24	2	13	1	14	3	4	32	75	4	11	69	203

數據來源：①吳承明. 帝國主義在舊中國的投資 [M]. 北京：人民出版社，1956；②張一凡，潘文安. 財政金融大辭典 [M]. 上海：世界書局，1937.

在華外商銀行對於中國的侵略，也可以分為 3 種，即產業投資、吸收存款、發行鈔票。前兩者的剝削任務，都是靠發行鈔票來完成的。因為外商銀行對中國工商業放款，並不是拿出它的英鎊或美元或日金，而是用它在華所發行的紙幣，並用它吸收華人存款，華人提款時，也是拿它的紙幣去支付，所以外商銀行放款，是利用華人的存款，而它吸收存款，也是用不須兌現的紙幣，簡單來說，就是它拿中國人的錢做本錢，再去賺中國人的錢，外商銀行對貨幣的剝削，是非常嚴重的。

---

① 汪敬虞. 十九世紀西方資本主義對中國的經濟侵略 [M]. 北京：人民出版社，1983.

外資銀行大力吸收公、私存款。公款主要是依靠各種特權強行收存的作為外債抵押的關稅、鹽稅、厘金等收入。1964年的《學術月刊》記載，北洋政府時期，平均每年有銀15,700萬餘元的關、鹽稅款要通過匯豐等銀行轉撥。因此，年底結存在匯豐等銀行的款項平均每家達2,200萬餘元。私款主要是官僚、軍閥、商人的存款。外國在華銀行享有種種特權，中國政府奈何不了。國內的官僚、軍閥、商人將外資銀行視為保險櫃，競相成為外國銀行的客戶。1891年4月，大官僚李鴻章存入德華銀行50萬銀兩，慶親王奕劻在匯豐銀行存款額達120萬兩。由於大量吸收中國存款，從1925年至1927年，僅匯豐銀行吸收的存款之中的中國人的存款差不多等於當時英國在華的全部投資。對此，外國老板並不諱言，美國經濟學家雷麥在他的《外人在華投資》一書中披露：「有許多在中國各大城市的外國銀行家，在1930—1931年冬天告訴我，華人存戶提供了他們足夠的資金，以致可以說，他們在中國完全沒有投資。」在20世紀前30年期間，外國銀行在吸收存款、保存稅款方面至少使中國遭受經濟損失200億銀元左右。①

　　法資的萬國儲蓄會是外商銀行在華詐欺取財的典型。萬國儲蓄會第一任董事長——法國人盤滕於20世紀初空手來到中國上海，之後結識了中國人唐伯超，兩人在法國人法諾和希古的支持下創辦萬國儲蓄會。他們發行百元面額的小型獎券，規定5年還本。後來看到有機可乘，便延長為10年、15年還本，票面額也提升至1千元、2千元。他們一次「無本之法」騙取的儲蓄款越來越多，該會1912年成立時的資本是規元4千兩，實收50%，這些微薄的資本實際上早已耗費在籌備費用和廣告費用方面，儲蓄會早已是一無所有的皮包公司。但到了1923年、1924年時竟發展到資本額規銀100萬兩和800萬法郎。1961年7月7日的《光明日報》指出，吸收的存款由1912—1918年的每月10萬元左右猛增到1919—1927年的每月300多萬元。除了騙取存款外，該會在中國還大肆套取外匯，進行地產買賣（從外灘到徐家匯，淮海路一帶幾乎所有的高大公寓和新式裡弄房屋都屬該會所有，如「盛司康公寓」「畢卡第公寓」「巴黎公寓」等）、操縱公債、經營賭博。

　　外國銀行破壞中國貨幣主權，在其入侵之初，憑藉特權發行紙幣，擾亂金融市場。1922年，麥加利銀行發行23萬鎊，東方匯理銀行發行6,316萬法郎，花旗銀行發行34萬美元，橫濱正金銀行發行165萬日元，華俄道勝銀行發行285萬盧布。到1925年，外資銀行憑藉特權在中國濫發紙幣數額約達32,300

---

① 李明銀. 帝國主義對華經濟侵略史況［M］. 北京：經濟日報出版社，1991.

餘萬元。從紙幣發行量的增長速度來看，花旗銀行1922年的增速為1907年的30倍。日本橫濱正金銀行1918年的增速為1907年的4倍。在20世紀最初的30年中，匯豐銀行發行額增加了39倍，麥加利銀行增加了3倍，東方匯理銀行增加了50倍。20世紀20年代，外國銀行在華紙幣發行超過了中國各家銀行的發行總額。1921年，麥加利、匯豐、有利、花旗、正金、臺灣、朝鮮、東方匯理、華地、中法實業、中華匯業、北洋保商、中華懋業13家銀行發行銀行券數額多達2.124億元，而中國各銀行發行的銀行券僅為0.959億元，後者僅為前者的45%；1925年，麥加利、匯豐、花旗、友華、美豐、正金、臺灣、朝鮮、東方匯理、華地、中華匯業、中華懋業、華俄道勝13家銀行發行銀行券3.232億元，中國各種銀行券發行額為2.05億元，僅為前者的63%。① 紙幣發行是一個主權國家的主權和經濟政策的支柱，外國銀行擅自在中國發行紙幣、銀行券，且數額超過中國銀行的發行，這種事實無可辯駁地說明甲午中日戰爭後中國半殖民地狀況的加深。外國在華銀行用濫發紙幣的辦法積聚和擴大了營運資本，大量增加了放款數額。由濫發紙幣所帶來的放款增加，無需支付存款利息，能為外國在華銀行帶來更大的利潤。外國銀行在中國漫無限制地擅發紙幣，最終受害的只能是中國人民。1926年9月，華俄道勝銀行倒閉，其所發行的各種盧布紙幣成為分文不值的廢紙。據統計，僅上海一地就因此損失2,693,218.95兩白銀，無數中國商民傾家蕩產。近代10餘家外行在中發行鈔票，到1925年，發行總額為7.5億多銀元。以此為基數推算，外國銀行在中國發行鈔票，使中國遭受到的經濟損失至少在160億銀元以上。②

中日甲午戰爭以前，外資銀行已經壟斷了中國的國際匯兌和通商口岸的商業信貸。中日甲午戰爭後，它們又利用對中國的大量貸款，增強了這種壟斷，一直到1935年以前，中國外匯價格的變動都以匯豐銀行掛牌為準。外資銀行操縱了外匯，便能根據自己的需要故意抬高或者壓低外匯價格。匯豐銀行每當向中國政府交付貸款時，便抬高外匯牌價，以便折算時少付銀兩；在收取借貸本息時，則壓低外匯牌價，以多收中國的銀兩。1911年4月，匯豐、德華、東方匯理、花旗等四國銀行團經手幣制實業借款時，僅鎊虧一項，他們就攫取了56,000餘兩。③ 1921—1925年，匯豐銀行以操縱匯價漲落的辦法獲得白銀189萬餘兩。在進出口貿易定貨和清算時，外國銀行也採取同樣的辦法，造成中國外貿的損失。從1902年到1948年，外國金融資本從壟斷中國匯兌中攫取

---

① 獻可. 近百年來帝國主義在華銀行發行紙幣概況 [M]. 上海：上海人民出版社，1958.
② 李明銀. 帝國主義對華經濟侵略史況 [M]. 北京：經濟日報出版社，1991.
③ 何清漣. 清末中國的大量外債及其分析 [J]. 財經研究，1986.

的財富最低有 25 億銀元。[1]

帝國主義通過他們在滬的政治和商業機構發行債券和股票對中國資金進行最直接、最有效的掠奪。而當充斥於上海的遊資苦於尋找投資對象時，給了他們可乘之機。據不完全的統計，從 1930 年到 1934 年，美、英、法等帝國主義前後在上海共發行了 31 種債券（見表 2-14），8 種新公司股票和 10 種舊公司改組後的增資股票，全部金額折合銀元達 265,878,790 元。

表 2-14　　1930—1934 年美、英、法在上海發行的債券

發行年份	發行機構	名稱	發行總額（上海銀兩）	折合銀元（一兩折合一元四角）
1930 年	法租界公董局（法）	六厘債券	2,000,000	2,800,000
1930 年	普益地產公司（美）	六厘債券	3,720,800	5,209,000
1930 年	華懋地產公司（英）	六厘債券	3,000,000	4,200,000
1930 年	中國營業公司（美）	八厘債券	3,000,000	4,200,000
1930 年	中國建業地產公司（法）	六厘債券	1,000,000	1,400,000
1930 年	國際投資信託公司（英）	六厘債券	2,000,000	2,800,000
1930 年	茂泰洋行（英）	六厘債券	500,000	700,000
1930 年	業廣地產公司（英）	五厘債券	5,000,000	7,000,000
1931 年	法租界公董局（法）	六厘債券	3,000,000	4,200,000
1931 年	英法地產公司（法）	六厘債券	1,000,000	1,400,000
1931 年	中國營業公司（美）	八厘債券	4,500,000	6,300,000
1931 年	中國運輸公司（英）	八厘債券	600,000	840,000

---

[1] 李明銀. 帝國主義對華經濟侵略史況 [J]. 經濟日報出版社，1991.

表2-14(續)

發行年份	發行機構	名稱	發行總額（上海銀兩）	折合銀元（一兩折合一元四角）
1931年	國際投資信託公司（英）	六厘債券	1,000,000	1,400,000
1931年	業廣地產公司（英）	六厘債券	3,000,000	4,200,000
1932年	華懋地產公司（英）	六厘債券	1,000,000	1,400,000
1932年	上海電話公司（美）	六厘債券	5,000,000	7,000,000
1932年	上海自來水公司（英）	六厘債券	2,800,000	3,920,000
1933年	法租界公董局（法）	六厘債券	2,000,000	2,800,000
1933年	花旗總會（美）	七厘債券	750,000	1,050,000
1933年	華懋地產公司（英）	六厘債券		1,500,000
1933年	哥倫比亞鄉下總會（美）	七厘債券	350,000	490,000
1933年	中國建業地產公司（法）	六厘債券	1,000,000	1,400,000
1933年	恒業地產公司（英）	六厘債券		2,000,000
1933年	業廣地產公司（英）	六厘債券	1,000,000	1,400,000
1933年	上海電力公司（美）	五厘半債券		88,000,000
1933年	上海電話公司（美）	六厘債券		10,000,000
1934年	公共租界工部局（英、美）	五厘債券		7,000,000
1934年	法租界公董局（法）	五厘債券		5,000,000
1934年	中和地產公司	五厘半債券		18,000,000

表2-14(續)

發行年份	發行機構	名稱	發行總額（上海銀兩）	折合銀元（一兩折合一元四角）
1934年	中國建業地產公司（法）	六厘債券		2,000,000
1934年	上海跑馬總會（英、美）	六厘債券		2,000,000
合計	201,609,000			

資料來源：1930—1934年上海眾業公所每週星期六公布的《一週股市報告》。

帝國主義發行的債券和股票，有的是個人直接認購；有的則是帝國主義通過官僚買辦威脅利誘上海金融業承受，例如中和地產發行的一千八百萬元債券，當時江浙財閥手中的中國銀行和附屬的中國保險公司承購了半數左右，其他如上海電力公司和上海電話公司的債券和優先股票等，各大商業銀行也莫不爭先認購；而有的則是通過帝國主義，在海關、郵政、鹽務等機關歷年提存的各項公積金項下撥款認購。這些都是中國人民的膏血，無一不被帝國主義所利用。

1927—1936年，在中國金融領域擴展勢力最明顯、最活躍的是英、日、美三國的銀行。

1. 以匯豐銀行為支柱的英商銀行

在1927年南京國民政府成立時，匯豐銀行已經是中國金融舞臺上舉足輕重的角色。1927年年末，它的存款總額為55,768萬港元，到1936年後增長為83,794萬港元，增長了0.5倍。20世紀20年代，多數銀行苦於世界經濟大危機的困擾，它雖也受影響，但1930年的存款仍達到92,533萬港元。有了這麼龐大的社會貨幣資本，它在資金營運上就大有可為，首先是把資金運用於國際匯兌和支持在華英商的進出口業務方面。

在當時上海的金銀市場，匯豐銀行有左右市場價格的力量，它擁有充足的外匯，還在庫房中存有龐大數量的白銀。1933年「廢兩改元」後，財政部要上海中外銀行把庫存寶銀進行登記時，全部登記額為14,621萬兩，僅匯豐銀行一家為3,629萬兩，占24.8%。《申報》記載，20世紀20年代初，金貴銀賤，外商銀行從海外世界市場購入的白銀數額龐大。據中國銀行調查，1933年年底，上海中外銀行庫存白銀達54,744.6萬元，其中華商銀行、錢莊合集為27,178.6萬元，外商銀行合集27,566萬元，其中以匯豐銀行為主的英商銀行則達15,994.5萬元。《申報》記載，1934年，白銀大量外流，外商銀行庫存的

白銀一年中即減少了 2.2 億元。其中流出數額最大的首推匯豐銀行，它在 8 月 21 日這一天交由英國拉浦倫號郵船從上海裝運出口的白銀就達 1,150 萬元。

英國通過銀行，其金融資本在中國的支配網是遍及各個方面的，例如：①鐵道投資成為英國資本所獨占。②菸草事業為英國獨占，英美菸草公司在中國處於絕對支配的地位，中國的南洋兄弟菸草公司、華成公司、正昌公司等均受其支配。③航業。英國以怡和、太古兩公司為主幹，在中國的內河航業上，佔有主要的地位。④亞細亞煤油公司，是代表英國的石油托拉斯，它與美國、蘇聯的石油公司在中國形成三足鼎立之勢。

2. 以花旗銀行為首的美商銀行

19 世紀末 20 世紀初，美商銀行開始改變只重視為國內貿易提供資金週轉而不太重視為國外貿易提供金融服務的狀況。隨著美國對外商品輸出的不斷擴大和對菲律賓等一些太平洋島嶼的占領，又逢中國償付庚子賠款，美國可得份額需要金融機構代理，遂有花旗銀行在中國設立。

1927 年 4 月，南京國民政府成立，由於這個政權的親美傾向，給花旗銀行帶來了許多業務經營上的有利條件。例如 1931 年，900 餘萬美元的「美麥」借款；1933 年，5,000 萬美元的「美棉」「美麥」借款等有關的金融業務就大部分由它來承做。花旗銀行在華放款是與促進美國對華貿易的擴展相聯繫的。1928 年，在華美商包括一般商戶和公司 551 戶，[①] 絕大多數與花旗銀行有往來關係。其中，花旗銀行對在上海的 12 家大公司的透支額在 1936 年時達到 2,541.7 萬元，而這 12 戶的存款金額只有 761.8 萬元，可見花旗銀行的信貸資金對這些美商大企業的支持是十分可觀的。

美國金融資本，入侵中國比較晚，所以沒有佔有重要部門，它以投資於學校、醫院、文化事業等方面為其特色。而美國在新興事業部門的發展不可小覷，它在電力、航空、無線電等事業的發展是一日千里。

美國在中國的支配關係為：①美國對於中國的新興事業大量投資，比如電氣事業、無線電、飛機等，幾乎全被其壟斷。②美國投資多集中於金融機關，占其投資額將近一般，約 1 億美元。③美國金融資本支配中國的主幹是洛克菲勒系及摩根系。

3. 數量最多的日商銀行

日本在華銀行數量最多，大大超過其他國家的銀行。這些銀行可以分為 4 類：第一類是執行軍國主義擴張任務、充當日本帝國主義侵華金融手段的橫濱

---

① 中國人民銀行金融研究所. 美國花旗銀行在華史料 [M]. 北京：中國金融出版社，1990.

正金銀行、朝鮮銀行和臺灣銀行；第二類是國內大商業銀行的分行，如住友銀行、三井銀行、三菱銀行等；第三類是日本僑民興辦的地方性小銀行，如上海銀行、天津銀行、漢口銀行、濟南銀行等；第四類是以東北為基地，由日商創辦或日商與官方合辦的銀行，如正隆銀行、滿州銀行等。

日本的金融勢力，是以其本國大銀行在中國的分支行為活動中心。在正金銀行領導下的十一個銀行，在中國各埠均設有分行。除了正金銀行以匯兌為主要業務而少做投資事業外，其他分行，都是以對華的經濟侵略為主要任務。日本銀行對華的侵略手段不同於英國，它們很少利用買辦作為其侵略工具，譬如他們親自在河南設立採菸葉號和在山東開設的採棉莊號，這證明了日本資本家對於中國民眾的剝削更加殘酷。

日本銀團在中國的支配形態為：①日本金融資本和紡織公司支配了中國的紡織工業。②礦業為日本金融資本所獨占。③日本火柴工廠已「壓倒」了中國的火柴工業。④油業電氣方面，日本金融資本和英、美資本進行激烈地競爭。⑤其航業也在向英國看齊。

外國在華銀行的資本構成大體分為兩種，一種是帝國主義國內壟斷資本家和金融寡頭的直接投資；第二種是外國銀行在中國的盈利累積和憑特殊手段集中起來的貨幣資本。後者是其主要部分，在華外資銀行主要通過吸收存款、濫發紙幣、壟斷外匯、投機地產、保管稅收等手段增資擴大營運資本，加強對中國的金融侵略。

外國對華資本輸出由以往提供借款為主的間接投資，轉向以開設企業為主的直接投資，是從辛亥革命、第一次世界大戰期間開始的。據統計，1914年外國在華的投資中，間接投資的借款只占33.7%，直接投資已占66.3%。直接投資的區域、規模、行業均呈擴大趨勢，直接投資比重於1930年上升至73.9%，於1936年再升為80.5%。① 各國在華企業投資額由20世紀初的8億美元，增長為第一次世界大戰前的16億美元，再增長為1931年的25億美元。② 各國投資金額及所占比重如表2-15所示。

表2-15　　　　　　　1931年各國在華企業投資額簡表

國別	金額（百萬美元）	所占比重
英國	963.4	38.0%

---

① 吳承明. 帝國主義在舊中國的投資 [M]. 北京：人民出版社，1955.
② 雷麥. 外人在華投資 [M]. 蔣學楷，譯. 北京：商務印書館，1953.

表2-15(續)

國別	金額（百萬美元）	所占比重
日本	912.8	36.0%
俄國	273.2	10.8%
美國	155.1	6.1%
法國	95.0	3.8%
德國	75.0	3.0%
比利時	41.0	1.6%
荷蘭	10.0	0.4%
義大利	4.4	0.2%
北歐諸國	2.0	0.1%
合計	2,531.9	100.0%

資料來源：雷麥. 外人在華投資[M]. 蔣學楷，譯. 北京：商務印書館，1953.

中國金融業依附於列強，在列強壟斷之下生長著。單就上海而論，列強獨資設立的銀行，有匯豐、麥加利、花旗、美豐、正金、有利、臺灣、住友、三菱、三井、朝鮮、東方匯理、華比、荷蘭、大通、菲律賓、安達、大英、友華等二十餘家。華商在上海開設的銀行有三十餘家，合計資本較列強獨資設立的銀行相去遠甚。導致的結果為：①外商銀行的信用較華商為大，因此，一般中國軍閥官僚的資本，都流向外商銀行的庫中，軍閥官僚的財產，都是搜刮得來，如果存在華商銀行，有被沒收的危險，所以他們寧願以低利存於外人手中，甚至願出保管費。②國際貿易上的國際匯兌，必為外人所操縱，因為外商銀行資本雄厚，一切國際貿易上的匯兌，都讓它們做信託，它們是我們對外貿易的中間媒介，例如中美貿易的信託為花旗銀行，中英貿易的信託為匯豐銀行，中日貿易的信託則為正金銀行和臺灣銀行等。③外商吸收了中國軍閥官僚的資本，轉而再以高利貸款給中國政府，中國以關稅、鹽稅等為擔保。可見不僅是金融，而且中國的政治、經濟都被外商操縱了。

二、日本對中國的侵略

甲午中日戰爭失敗後，清政府被迫於1895年4月17日與日本政府簽訂《馬關條約》。這是一個喪權辱國的條約，根據這個條約的規定，中國政府須割讓臺灣全島及其所有附屬島嶼、澎湖列島和遼東半島給日本人。1895年5月20日，清政府命令臺灣巡撫唐景松率文武官員內渡大陸，放棄對臺灣的管

轄權。從此,臺灣淪為日本的殖民地。

日本侵占臺灣後,對臺灣進行了長期的掠奪,對臺灣人民實行殘酷的剝削。而在臺灣實行金融壟斷和控制是這種掠奪和剝削的重要方式。1899 年,日本在臺灣設立了殖民地性質的中央銀行——臺灣銀行。臺灣銀行享有代理國庫和發行兌換券的特權。1919 年,臺灣銀行資本總額達到 6,000 萬日元。臺灣銀行有很高的壟斷性,它嚴密控制著臺灣的金融事業和各項金融活動,它的存款額占臺灣各銀行吸收存款總額的 59.9%,它的放款占各銀行放款總額的 62.3%,臺灣銀行大量吸收臺灣存款,並運回日本國內,該銀行的存款每年約有 1/3 或 2/3 被調往日本國內,以放款的形式支持日本壟斷資本所經營的企業。

早在 1927 年,就由日本內閣總理大臣田中義組織召開臭名昭著的「東方會議」,確立了以武力侵占中國東北地區的方針。1929 年,資本主義世界爆發了經濟危機,隨後是「世界資本主義經濟危機」時期的來臨,嚴重衝擊了日本。為緩和國內階級矛盾,轉嫁經濟危機,日本當局陰謀加速策劃侵華活動。1931 年 6 月,日本制訂了「滿蒙問題解決方策大綱」,指定由日本參謀本部和駐中國的關東軍共同擬定具體侵占中國東北地區的作戰計劃,並為發動侵華戰爭製造種種借口。

1931 年,「九一八」事變,日本突然發動對中國東北駐軍的進攻,由於蔣介石實行不抵抗政策,日軍在 3 個月內就占領了東北全境,將中國東北置於自己的殖民統治之下。東北地區當時是中國工業、農業、交通運輸業和外貿業較發達的地區,東北被日本占領,中國就等於丟失了全國 30% 的煤產量、79% 的鐵產量、93% 的石油產量、55% 的黃金開採量、23% 的電力、37% 的森林、41% 的鐵路線、37% 的對外貿易。①

「九一八」之後,日本加強了對東北的金融控制,控制的重要步驟和手段就是成立「滿洲中央銀行」。滿洲中央銀行於 1932 年 6 月 15 日成立,於 7 月 1 日正式營業,它以原東北的東三省官銀號、吉林永衡銀錢號、黑龍江官銀號和邊業銀行四大金融機構為基礎,其資本號稱 1 億元。其總裁由原吉林省財政廳長榮厚擔任,但實際操縱於副總裁日本人山成喬六之手,是日本掠奪東北人民的金融工具。它的主要活動包括以下幾個方面:

第一,強迫收兌舊幣。為了徹底控制東北金融,滿洲中央銀行從 1932 年 7

---

① 斯拉德科夫斯克. 中國對外經濟關係簡史 [M]. 郝蕩,譯. 北京:中國財經經濟出版社,1956.

月開始以很大的折扣收兌原東北四大金融機構發行的多種幣券。

第二，獨占貨幣發行權，以通貨膨脹的手段，加強對東北人民的掠奪。滿洲中央政府表面上規定發行的貨幣「中銀券」為銀本位，即定純銀 23.91 克為 1 元，但不鑄硬幣，只發行紙幣。滿洲中央銀行於 1932 年發行偽幣 15,000 萬元，1935 年年底，其發行額高達 19,890 萬元，在 4 年中增長了 31%。

第三，強迫人民儲蓄，壟斷放款。滿州中央銀行的各級機構均設有「貯金部」，具體經辦儲蓄的各項業務。為了擴大吸收存款為日本所用，滿洲中央銀行積極配合日偽政權推行「國民儲蓄運動」。滿洲中央銀行壟斷放款，在該行成立之初的 1932 年，放款總額達到偽幣 10,700 餘萬元，相當於同期實收資本總額的 14.3 倍。

第四，包銷公債。日偽公債由偽政府發行，分為日幣公債和偽幣公債兩類。日幣公債由日幣興業銀行等 17 個金融機構包銷；偽幣公債則由滿洲中央銀行包銷。

第三章　20世紀30代中國金融危機的爆發

20世紀30年代，中國金融危機的發生滯後於世界經濟危機，而正是美國的白銀政策拉開了中國金融危機的序幕。作為中國貨幣的白銀是中國與西方國家進行金融活動的媒介，其價格的劇烈波動給中國金融業造成了巨大影響。危機期間，利率升高，物價降低，並伴隨著大量銀行、錢莊倒閉，通貨緊縮嚴重。而金融業的危機，也阻礙了中國的農工商業的發展。

第一節　美國的白銀政策拉開了中國金融危機的序幕

一、美國的白銀政策將危機轉嫁至中國

白銀的價格問題大約在1870年被提出。當時，一些國家，如德國、荷蘭、芬蘭、義大利、俄國、日本等，要麼效仿英國採取金本位，要麼為了建立交換的金本位的統治或為了建立紙幣體系，相繼棄用白銀。因而，作為貨幣的白銀大大減少，而白銀本身的價值與黃金相比則顯得微不足道。

同時，美國西部發現了一些新的白銀礦，因而對印度白銀的需求也隨之減少，在這種情況下，加速了銀價的下跌。這在美國造成了嚴重的問題。

美國作為世界產銀大國，而且控制了世界產銀地南美的大部分銀礦。當時的美國參眾兩院約有三分之一的議員代表了白銀礦主的利益，擁有不容忽視的政治力量，經常要為「白銀做點事情」。

美國西部的白銀資本家常常為白銀價格而舉行大規模的活動。1878年投票通過的布朗·阿里森條款（Bland Allison Silver Purchase Act）給他們規定了白銀的法定市價，使得他們不得不忍受每月200萬~400萬銀元損失的打擊。同年8月和1881年、1889年都由美國主動召集國際白銀會議。1890年，美國

政府頒布塞爾門條款（Sherman Act），按照這個條款，國庫應該獲得黃金或者白銀償還的國庫券來支付450萬盎司。正是根據這些條款，美國徵得57,600萬餘銀元，其中有8,000萬元作為金屬貨幣流通，其餘部分以白銀證券的形式保留，二者同銀元一樣具備法律效力。這種保護白銀和增鑄銀幣的政策使格埃桑法令發生了效力：白銀已驅走黃金。1890—1891年，爆發危機，黃金儲備減少時，銀行家們都試圖利用庫存白銀來換取黃金。同時，外國人紛紛將在美國累積的黃金匯往自己的祖國，引起美國黃金的外流。1893年5月，美國貨幣危機爆發。1900年2月14日的國會投票中，投票者不顧白銀所有者的反對，決定取消塞爾門條款，採用金本位制。

在第一次世界大戰期間，白銀價格高漲的原因是白銀的供不應求。一方面，為了抬高銀價，礦主們有計劃地控制白銀的生產，而生產也由於技術落後和勞動力不足而停滯不前。另一方面，供給協約國白銀的結算差額巨大，而其貸方差額增大，到了白銀不足以應付的程度；與此同時，印度的政局不穩，其紙幣流通量在1914—1920年增加了3倍，以致公眾失去了對紙幣的信任。為了擺脫這種困境，印度政府就在中國著手購買白銀，中國的白銀庫存很快耗盡。印度又通過英國求助於美國國庫，美國根據皮特曼條款，在美國出售白銀，按每盎司1元的價格，英國獲得了總額為35,000萬元的銀條，出賣給印度的總數為26,000萬元的白銀。

從1920年起，銀價又逐漸下跌，尤其是在1927年以後，這一時期銀價下跌的原因主要是需求的下降。而在當時，美國擁有世界白銀產量的32%，世界銀產量的66%由美國資本支配，加拿大銀產量的34%、秘魯的87%、中美洲的89%、智利的83%均為美國資本[1]。所以，世界銀價的變動關係到美國國家的利益。對於持續下跌的銀價，美國國內一些具有影響力的人士則開始以提高亞洲（主要指中國）的購買力為藉口，鼓動提高世界銀價。

在國際市場上作為普通商品的白銀在中國則為貨幣，為穩定貨幣流通和金融市場，中國並不希望白銀價格劇烈變動。但美國卻不一樣，因為它控制著大部分世界白銀生產，白銀價格的上升對於白銀礦主以及美國國家的利益是十分有利的。1929年爆發的全球經濟危機，加速了銀價跌落的速度。在通貨緊縮的壓力下，金本位制國家開始放棄金本位，並向紙幣制度過渡。由於世界經濟危機的影響，美國為了緩和經濟危機帶來的影響、減輕白銀派議員在政治上的壓力，並使得世界金融格局向有利於美國的方向發展，在白銀院外活動勢力的

---

[1] 石毓符.中國貨幣金融史略[M].天津：天津人民出版社，1984.

強勢影響下，羅斯福簽署的黃金法令於 1933 年 4 月生效。法令規定全國私營銀行和個人將儲藏的黃金交給聯邦儲備銀行，不允許美元兌換黃金，並禁止黃金出口，其實質就是放棄金本位。1933 年 5 月，美國國會通過了農業救濟修正法案（托馬斯修正案），規定美國總統有權降低美元的含金量，並具有處置白銀的廣泛權利。

1933 年夏天，在倫敦召開了世界經濟會議，由於金本位的崩潰，會議的主題原計劃是討論建立或恢復世界貨幣體系。而美國出於自身利益的考慮，拒絕討論這些問題，其將主要精力放在了白銀問題上。

倫敦經濟會議期間，迫於美國的壓力，1933 年 7 月，中國與加拿大、墨西哥、澳大利亞、西班牙、秘魯、印度以及美國代表簽署了《白銀協定》，規定：自 1934 年元旦開始 4 年內，印度政府售銀數量平均每年以 35,000,000 純盎司為限，最高額每年以 50,000,000 純盎司為限；西班牙政府售銀量，平均每年以 5,000,000 純盎司為限，最高額每年以 7,000,000 純盎司為限；加拿大、墨西哥、澳大利亞、秘魯在此期間內不得出售白銀，並按照規定在白銀礦業內統一購買，或設法在市面上收回 35,000,000 純盎司；而中國政府不得將其熔化的銀幣的所得生銀出售。美國簽署《白銀協定》的目的，就是通過控制世界其他國家的白銀數量，來使世界白銀價格止跌並達到穩定。在會議上，西方一些國家則聲稱共同維持銀價的動機是提高中國的購買力，促進中國經濟發展。但中國強調：「倘遇金銀比價發生變動，至中國政府認為足以妨害中國國民經濟而與本協定的安定銀價的精神不合時，得自由採取適當之行動。」①

世界經濟會議之後，美國新任總統羅斯福實行了所謂的「新政」，「白銀政策」則是「新政」的內容之一：1933 年 12 月，美國政府頒布了《銀購入法》，1934 年 5 月又頒布了《白銀法案》。其要點為：①提高白銀價格，國內每盎司價為 0.645 美元；②美國貨幣的準備金為金 75%、銀 25%，即金三銀一；③財政部長有權在國外購銀；④白銀收歸國有，總統有權命令國內存銀全部交造幣局。此外，美國政府還宣布美元貶值，放棄金本位，禁止黃金和白銀出口，減少美元含金量 60%等。上述法案和一系列政策，被統稱為「白銀政策」。

按白銀政策規定，美國貨幣準備金欲達金三銀一的比例，美國應存白銀 2,585,000,000 美元，但當時美國白銀及輔幣僅有 800,000,000 美元，故需購

---

① 卓遵宏. 中國近代幣制改革史 [M]. 臺北：國史館，1986.

進白銀1,352,700,000盎司①，於是美國政府在國外高價收購白銀，計劃每月購進5,000萬盎司，直到銀價上漲至每盎司1.29美元為止。於是，世界銀價被人為地哄抬起來，到1935年8月，世界銀價漲至每盎司0.81美元。

而在近代，世界各國逐漸採用金本位或復本位制以後，白銀逐漸失去貨幣功能而變成了普通金屬商品，因而其價格與其他普通商品一樣決定於市場供求關係。因此，近代國際銀價的定價機制是國際自由貿易體制下的供求關係支配的市場定價機制，由此就決定了國際白銀的自由流動機制，即從價格低的國家和地區向價格高的國家和地區流動。由此，世界上形成了倫敦、紐約、孟買和上海等幾個大的白銀交易中心。1870年以來，西方主要資本主義國家相繼脫離銀本位制，採取了各種形式的金本位制或復本位制，白銀的貨幣用途僅限於少數幾個保持銀本位制的國家和地區。其中，中國作為貨幣用銀的主要消費國（而不是生產國），由於處於白銀消費市場的終端，對白銀價格的反應速度比白銀產地和市場集散地要慢。因此，在銀價下跌的過程中，中國國內白銀價格往往比國外白銀價格要高，從而形成白銀的流入。同理，在銀價上漲過程中，國外銀價比國內銀價高，以致白銀向國外流出。1896—1931年，中國白銀一直處於入超狀態（個別年份除外）。據統計，在1931—1933年，世界主要產銀國墨西哥、加拿大、美國的白銀出口中，對中國的出口占到了45%，可見中國對世界白銀的需求量占了世界白銀消費的大部分。經過多年的累積，到1933年12月30日時，做為中國金融中心的上海的白銀儲量達到了4.393,4億純盎司，相當於1932年或1933年世界白銀年產量的2.69倍。1925年，上海各銀行的白銀儲值只有1.34億元，到1933年年底達到了空前的5.457億元，上升了308.2%。

20世紀初，在以金本位為主導的國際貨幣體系中，中國實際上是唯一採用銀本位制的國家。從19世紀中葉開始，由於白銀需求下降而供應持續增加，白銀價格呈螺旋式下跌。中國不能控制國際銀價的變化；白銀是一種商品，它的市場價格受供需因素的影響，而與中國經濟無關。與此同時，私營銀行從事白銀和外匯交易，白銀進出口數量的變化，取決於潛在的利潤。這種白銀流動影響中國貨幣市場和物價。在這個意義上說，中國易受到國際銀價波動的影響。即使白銀的貶值和貨幣供應的增加限定了中國經濟參與者的預期，中國卻無法控制白銀的價格和進口量。波動的國際銀價對中國的經濟來說，是一種潛在的威脅。

---

① 王丕烈. 一年來的美國銀政策與世界銀價前途 [J]. 銀行周報, 1935 (19), 4.

白銀流入中國後，首先滯留在沿海、沿江等口岸城市，致使這些口岸城市的銀行白銀存底日見豐厚。隨著銀行資金的寬裕，貨幣供應量日漸充足，銀根隨之鬆弛，其市場反應就是物價上漲、經濟活力充足。

充足的貨幣供應量在膨脹通貨的同時，也加大了資金的投資需求和投機需求。在投機需求的擴張過程中，貨幣資本構成中的投資性資金不斷向投機性資金流動而轉化為投機性資金。投資性資金主要投向政府財政債券市場，而政府債券所募資金基本不進入生產領域，而大部分用於軍費支出。而投資於房地產、標金、債券等市場的資金屬於投機性偏好資金，勢必產生經濟泡沫，造成經濟的虛假繁榮。

美國白銀政策對於中國的金融經濟具有很大的破壞作用。自美國實行白銀國有後，倫敦銀價與上海市價的差價，由十六分之一便士增加到了兩便士以上，由上海運往紐約和倫敦的現銀，平均每千元可得一百元左右的利潤。除開關稅等費用外，亦可以獲得百分之六七的紅利，所以中國白銀大量外流。中國作為當時世界上最大的銀本位制國家，由於其並不是產銀國，每年須進口大量白銀作流通之用。由於美國人為哄抬銀價，中國不僅無法進口白銀，國內存銀反而大量外流。1933 年，白銀淨流出 1,422 萬元，1934 年猛增至 25,673 萬元，1935 年前 5 月，中國淨流出白銀已達 29,000 萬元，尚不包括偷運的數字。

大量白銀如潮水般外流，使中國存銀嚴重下降、銀根緊縮、金融梗塞、物價下跌，工商各業資金週轉困難。1935 年，全國銀行停業，倒閉 20 家，錢莊也紛紛倒閉，僅上海就達 11 家。民族工商業遭受的打擊更嚴重，僅上海倒閉的工商企業就有 1,065 家。中國貨幣的銀本位制受到嚴重威脅。因此，放棄銀本位，切斷銀價同外國的聯繫，實行管理通貨和有控制的紙幣制度，就成為幣制改革的方向了。

美國白銀政策是美國在世界資本主義經濟危機時期為擺脫經濟危機的政策產物，是對內戰以來美國貨幣本位架構調整的有機組成部分。從其政策設想看，美國白銀政策的理論基礎和政策目的是試圖通過改變美國的貨幣結構，來達到貶低幣值、膨脹通貨、提高物價、恢復經濟活力的目的。美國主張限制通貨膨脹，或通過重鑄銀幣來救濟美國人民，這是美國白銀政策的核心目的所在。除了核心目的以外，美國白銀政策還有其他兩個目的：第一，為美國白銀派做點事；第二，試圖通過穩定和提高銀價增加中國的購買力，從而增加美國向中國的貨物輸出，達到與日、英兩國爭奪中國市場的目的。為了達到上述目的，美國政府設定了購銀的定量指標和定價指標，即白銀市價恢復到每盎司 1.29 美元以上或財政部持有的白銀存量的貨幣價值達到黃金存量貨幣價值的

1/3。也就是說，美國政府通過製造白銀需求，移動白銀供求平衡點，以達到提高銀價的目的。從實施效果看，美國白銀政策的膨脹通貨和提高銀價使白銀生產者獲利的目的達到了。但通過提高銀價來提高中國購買力、促進對華輸出的目的，不但沒有達到，反而破壞了中國銀本位制的基礎，把中國經濟拖入了深淵。美國白銀派參議院韋勒氏（Burton K. Wheeler）曾經說過：「提高銀價或者我的提案實施的影響，是在增加中國和其他一切用銀國內製造商的生產成本……這樣，中國的工業化必將多少被阻滯了；同時諸君必須記著，當上海、東京，或者其他用銀國家多設一家紗廠，那無異是將美國的紗織工人趕到了十字街頭。重鑄銀幣或者提高銀價不但可以看作是抵制遠東輸入品傾銷的一種關稅壁壘，而且因為它們的成本提高之故，也可以減輕遠東輸出品在國際市場上與美國貨競銷的力量。」

自1929年以來，中國的物價較金本位國家更為安定，反而自美國購銀政策實現以後，中國的物價連續跌落。美國實施白銀政策產生的客觀現實就是中國銀價提高、物價降低、債務負擔增加。換一句話說，就是美國把採取緊縮政策所帶來的痛苦，轉嫁於中國人民身上，且使中國由一大量銀輸入國轉變為銀輸出國。

通過以上對美國白銀政策提高銀價對中國經濟產生傳導效應的理論分析，我們可以看出，美國白銀政策導致中國經濟蕭條、中國居民收入和居民購買力水準下降。關於《白銀法案》對中國的影響，弗里德曼曾經指出：「20世紀30年代的白銀購買法案著實使中國遭受了好幾年嚴重的通貨緊縮，使中國永遠脫離銀本位，墨西哥暫時脫離銀本位，並且必須將其看作是在經濟上及政治上削弱中國的一個重要因素。」[1]

二、世界銀價上漲導致中國白銀大量外流

美國白銀政策給中國帶來最直接的影響是世界銀價的提高導致白銀大量外流。一國現銀之流出，不外以下幾種情況：①因貿易入超，不得不輸出現銀抵消外欠；②遇到國家對外信用發生極度動搖時，引起資本外逃；③海外銀價高於國內，因而使國內現銀流出國外的投機獲利行為產生。

20世紀30年代以來，中國農業、工商業不景氣，導致勞苦大眾購買力降低，入超數量不斷減少，所以，白銀大量流出，並非因入超而抵消外欠所致。

---

[1] 弗里德曼. 弗里德曼文萃[M]. 胡雪峰，武玉寧，譯. 北京：北京經濟學院出版社，1991.

國內也並未發生嚴重的金融恐慌，中國經濟雖然受到世界經濟危機的影響，但是整個金融和財政體系並沒有完全被破壞，因此對外信用並未極度動搖。而白銀的大量流出，則是白銀巨大的國際差價導致的投機行為的結果。

美國白銀政策導致的世界銀價上漲引發中國白銀外泄，最初的現象是黃金外流。1932年和1933年，中國貴金屬的出口白銀還遠非主力，主要反應在黃金出口上。這兩年內，黃金的淨出口量分別為110,163,000元和68,608,000元。在1934年前6個月內黃金淨出口量為36,377,000元，7月為5,815,000元，8月全無。而與此同時，1934年8月的白銀淨輸出量比7月猛增了約3.5倍，從24,308,009元上升至79,094,748元。[1] 中國黃金存量已近枯竭，繼之以白銀外流增加。從1932年到1933年的白銀交易統計來看，那兩年（不包括異常活躍的走私），中國白銀的淨輸出仍高達10.4百萬元和14.4百萬元。[2] 這與平時中國經濟所呈現的外貿與白銀的雙入超現象不符。

中國的白銀是貨幣材料，當它在其他國家裡成為普通商品時，在中國，它的流通產生同黃金流通一樣的效果。在美國實施白銀政策之後，白銀價格就由美國所控制。由於美國的白銀政策，導致白銀升值，使各個銀行拋出了庫存的白銀，從而利用其巨大的價差攫取巨額利潤。

上海作為中國的金融中心，其存銀數量在中國居首，但是由於外貿和國際資本流動，大量存銀都在外國銀行控制之中。當世界銀價上漲時，外國銀行則通過將白銀運出中國流向國際白銀市場而從中獲利。中國白銀輸出的主力就是外國銀行。外國銀行利用白銀價格上漲謀利處於理想的地位，只要是那種以紐約為基地而又有分支機構在上海的外國銀行，就能容易地把中國的銀元轉移出國外當作金屬來出售。外國銀行根本就不管貨幣增值在中國引起了什麼經濟、社會問題。[3]

1933年，上海成為一個純白銀輸出口岸，一改多年來上海外貿及白銀雙入超的局面，見表3-1。

---

[1] 鐘祥財. 法幣政策前後中國的貨幣理論 [M]. 上海：上海社會科學出版社，1995.
[2] 梅遠謀. 中國的貨幣危機 [M]. 成都：西南財經大學出版社，1994.
[3] 帕克斯·M. 小科布爾. 上海資本家與國民政府 [M]. 蔡靜儀，譯. 北京：中國社會科學出版社，1988.

表 3-1　　　　　　　1931—1934 年上海白銀進出口數量表

單位：元

時間（年）	進口	出口	純輸出（純輸入）
1931	118,233,016	47,429,681	+70,803,335
1932	96,538,889	86,143,824	+10,395,065
1933	8,032,474	94,854,914	−14,422,440
1934	7,414,009	267,355,432	−259,941,423

《華北日報》記載，中國大量出口白銀是在 1934 年，當時中國銀行發表報告中說，8 個月內，白銀出超達 1.5 億元，上海占 8 成，大部分運往紐約、倫敦兩銀市，全國銀行存量尚有 5 億元。

1934 年 1 月，上海的外商銀行存銀約 27,500 萬元，占當時上海中外銀行存款總數的 49%，年底僅為 5,400 萬元，僅為 1 月的 1/5，這一年中國白銀外流量為歷史上白銀外流量最高的 1907 年的 5 倍。[1] 從上海存銀的總體變化中，也可看出白銀流動數量的巨大，以及外國銀行白銀儲備的大量減少，見表3-2。

《益世報》記載，1934 年，中國銀行經濟研究處調查，至 1934 年 1 月，上海中外銀行存銀（銀兩銀元大條）約 56,010.5 萬元，其中華商銀行占 28,458.5 萬元，外商銀行占 27,552 萬元。1935 年 4 月 24 日，中央銀行經濟研究室調查，上週末上海存銀數為 33,800 萬元，外商銀行僅 5,000 萬元。

對於 1934 年中國白銀輸出量，由於統計口徑的不同而記載不一，但無論如何，隨著白銀外泄，國內通貨緊縮日趨嚴重。[2]

表 3-2　　　　　上海銀行界的白銀儲備表（1931—1935 年）

單位：百萬元

日期	白銀總儲備	中國銀行白銀總儲備	外國銀行白銀總儲備
1930 年 12 月	262.0	166.3	95.7
1931 年 12 月	266.2	179.3	86.9
1932 年 12 月	438.3	253.3	185.0
1933 年 12 月	547.4	271.8	275.6

---

[1] 文史資料工作委員會. 舊上海的金融界 [M]. 上海：上海人民出版社，1988.
[2] 中國第二歷史檔案館. 中華民國史檔案資料匯編 [M]. 南京：江蘇古籍出版社，1994.

表3-2(續)

日期	白銀總儲備	中國銀行白銀總儲備	外國銀行白銀總儲備
1934年3月	589.4	337.4	252.0
1934年6月	582.9	337.6	245.3
1934年9月	451.3	310.0	141.3
1934年12月	335.0	280.3	54.7
1935年12月	275.6	262.8	11.8

資料來源：①張研，孫燕京.民國史料叢刊998（史地·年鑒）上海市年鑒（1936《一》）[M].鄭州：大象出版社，2009.②鄭允恭.銀價騰貴與中國[J].東方雜志，1935.③帕克斯·M.小科布爾.上海資本家與國民政府[M].蔡靜儀，譯.北京：中國社會科學出版社，1988.

上海運銀出口的銀行有匯豐、麥加利、大英、運通、大通、東方、中法等16家，合計運出現銀數，「自去年（1935年）一月至六月，出口現銀值三千四百萬元，七月份出口值一千六百萬元，而八月份截至二十一日止竟達五千二百萬元，若計年來流出現象，有一萬萬三千萬之多，且近來尤有繼續運出之趨勢」。①

匯豐銀行很早就將金銀買賣列為其經營業務，世界銀價不振時，匯豐手中存有大量白銀。1915年，上海中外銀行錢莊共有存銀8,099萬兩，其中，中國公私銀行及錢莊占17.3%，而匯豐一家獨占38.4%②。而且基本掌握了中國的白銀「吞吐」，當國外銀價低落時大量運進，反之則從中國大量運出白銀，從中獲取暴利。1934年8月21日，匯豐銀行就從上海交由英國郵船拉普倫號運走1,150萬元③。匯豐銀行還曾一次運出「生銀二千八百三十一條」④。美國花旗銀行也將存銀運出國外，1934年7月，運出白銀100萬規元，11月又外運500萬元⑤。緊接著現銀繼續流出，「據查最近之一批，於23日起陸續裝，25日當可運完，目的地為倫敦、舊金山等處，計匯豐銀行二千箱，銀六百五十萬兩，某銀行二百五十箱，計洋一百萬元，兩供給洋一千零十萬元，又某銀行裝出之元寶，聞代某洋行辦理出口者，尚有外商銀行四家，亦有現銀裝出，但為數上不甚巨雲」⑥。

---

① 王承志.中國金融資本論[M].北京：光明書局刊，1936.
② 常南.英國匯豐銀行的經濟掠奪[M].天津：天津人民出版社，1980.
③ 上海金融史話編寫組.上海金融史話[M].上海：上海人民出版社，1978.
④ 史全生.中華民國經濟史[M].南京：江蘇人民出版社，1989.
⑤ 中國人民銀行金融研究所.美國花旗銀行在華史料[M].北京：中國金融出版社，1990.
⑥ 佚名.大量白銀流出之可驚[J].錢業月報，1934（14），9.

1934年7月到1935年9月，上海輸出白銀的總數之中，外國銀行占了83%以上①，總計洋約4,393萬元，見表3-3。

表3-3　1934年8月中旬山大來公司承運的外商銀行白銀數目表

行名	寶銀（兩）	洋（兩）	廠條
麥加利	5,000,000		
匯豐	1,300,000	10,000,000	
正金	960,000		
安達	290,000	260,000	
三井	350,000		
朝鮮	300,000		
有利	390,000		
中法	1,080,000		
大英	2,650,000	2,000,000	410
東方	1,000,000	2,200,000	
和蘭	360,000	1,000,000	
大通		1,360,000	1,157
花旗	300,000		1,200
華比	1,000,000		200
德華		400,000	150
共計	17,680,000	17,220,000	3,117
合計約	19,410,000	21,220,000	3,302,000
總計	43,932,000		

資料來源：佚名.匯豐等銀行又運出大批現銀 [J]. 錢業月報, 1934（14），8.

日本也是中國白銀運出的主力。日本利用其在華銀行，甚至通過走私，大量運出中國白銀，「從1934年12月至1935年5月，由中國運出往日本去者，現銀約三千萬元」②。到1935年9月，日本輸出到倫敦的白銀價值為20,793,000日元（5,801,247美元）。1935年，日本全年白銀總產量為8,000,000

---

① 鐘祥財. 法幣政策前後中國的貨幣理論 [M]. 上海：上海社會科學出版社，1995.
② 史全生. 中華民國經濟史 [M]. 南京：江蘇人民出版社，1989.

日元（2,232,000 美元）①。1935 年的前 9 個月，日本運出白銀總數達 1.44 億元，而上年僅為 700 萬元，其中 1935 年有一個時期竟輸出白銀達日金 2,100 萬元，而 1934 年同期則僅為 100 萬元②。日本報刊業承認：「1935 年 1 月至 9 月，由上海向日本走私輸出的白銀，約有 144,155,000 日元，而日本每年產白銀僅 1,000 萬日元，故由日本輸出的白銀，主要是由中國向日本走私之白銀。」③

表 3-4 1930—1933 年中央銀行、商業銀行及外國在華銀行存底情況表

單位：萬元

年份	中央銀行 存底	中央銀行 指數	中國商業銀行 存底	中國商業銀行 指數	外國在華銀行 存底	外國在華銀行 指數
1930 年年底	36,497	100.00	89,941	100.00	94,604	100.00
1931 年年底	34,657	94.96	144,647	160.82	84,795	89.63
1932 年年底	40,317	110.47	212,973	236.79	185,050	195.60
1933 年 10 個月平均	53,904		211,390		190,002	

資料來源：許滌新. 貨幣戰爭及其對於中國經濟的影響［J］. 東方雜志, 1934（31），8.

除上海外，當時中國各口岸都出現了白銀外流的現象。在 1934 年以前，天津作為口岸城市，白銀進口隨著銀價的下跌連年入超，而華北地區農村的破產、國貨出口的減少、洋貨的進口增加，導致銀元流向天津，並充斥市場，當時銀元對撥碼或紙幣每千元還須補貼二三元。1934 年開始，匯豐銀行首先將大量白銀運出中國。同年 2 月，該行天津分行還有 440 萬元，12 月僅餘 50 萬元。其他國家銀行也莫不如此，1934 年 2 月，這些銀行存銀還有 4,518.8 萬元，12 月僅餘 950.9 萬元。而且外國銀行以匯票大量套購現銀，並派人四處搜購白銀，因而出口的白銀數額不止其所存銀數。一時間天津銀根奇緊，南京政府不得不從香港高價購入白銀，轉撥天津 500 萬元④，以應付金融週轉。在天津附近的唐山，偷運白銀的活動猖獗，僅半個月內就運出了 80 萬元⑤。1935 年 5 月 22 日，河北省政府主席於學忠在轉報華北白銀走私情形致行政院的呈

---

① 邁克爾·羅素. 院外集團與美國東亞政策［M］. 鄭會欣，譯. 上海：復旦大學出版社，1992.
② 鄭會欣.「中美白銀協定」述評［J］. 民國檔案，1986，2.
③ 鄭會欣.「中美白銀協定」述評［J］. 民國檔案，1986，2.
④ 常南. 英國匯豐銀行的經濟掠奪［M］. 天津：天津人民出版社，1980.
⑤ 文史資料工作委員會，中國人民政治協商會議上海市委員會. 舊上海的金融界［M］. 上海：上海人民出版社，1988.

文中說：「華北銀元走私如以月計，約有四百餘萬元之巨數流出國外。」之所以如此，主要原因是日本「專為收買關內現銀」①。財政部在關於禁止日本偷運現銀、擾亂金融密咨的稿中稱：「日本為擾亂我金融，近加緊收買中國各地現金，分海陸兩路運返本國。」② 華北走私是由日本人一手操縱和控制的，走私中國銀元出口獲利巨大，銀元一千元能兌換到中、交洋票1,400萬元。據《銀行周報第十九卷第十一期》記載，這種走私數額無法準確地對其進行統計，據耿愛德估計，僅僅1934年私運出口的白銀就達7,000萬元。而且銀元走私可以間接打擊中國幣制，同時為日本商品攻占中國市場提供便利條件。

除了華北走私以外，華中和華南的走私也十分嚴重。在華中，由崇明、海州兩地運出者，「日在二十萬元左右」③。1934年後，廈門奸商曾燕成等人開設了永德等商號，專門進行走私；1935年又合組為福安公司，在臺灣洋行的保護下進行走私活動，有十幾種船只，每月走私出口白銀價值10餘萬元④。

一些中國經濟學家認為這種外流僅僅是由於結算差額赤字所引起的。指出作為論據的實事是：白銀大部分是從那些國際結算時用中國現金支付時收到白銀的外國銀行流出去的。這種觀點，一半正確一半錯誤。正確的方面是，因為出口的白銀屬於外國銀行，這些銀行事實上是由其在中國的欠債人支付的，並且，在他們的庫房裡的白銀可以認為是已經離開中國的；錯誤的方面是，因為如果沒有外部白銀價格高漲的吸引，可出口的白銀將還是在這個國家裡使用的，決不會無效果地存在庫裡，至少會暫時被投放在中國。

但是，如果中國人的白銀出口顯得比外國少，那麼，白銀走私則不斷增加。事實上，人們都害怕罰金並希望逃避出口稅。

不論怎樣，庫存白銀的減少是一個明顯的事實。中國白銀的外流，不管它歸屬如何，必然會引起通貨緊縮。當時的通貨主要是銀幣，在不考慮銀行發行鈔票的總額，也不考慮其他還未引進中國的替代品的情況下，白銀外流直接導致了銀根緊張。

表3-5　　　　　　　　　1934年1-12月白銀交易情況表

月份（月）	輸入	輸出	+入超 -出超
1	2,134,350	351,500	+1,782,850

---

① 鄭會掀. 有關日本策動華北走私情況檔案史料選 [J]. 民國檔案，1987 (4).
② 鄭會欣. 有關日本策動華北走私情況檔案史料選 [J]. 民國檔案，1987 (4).
③ 史全生. 中華民國經濟史 [M]. 南京：江蘇人民出版社，1989.
④ 連心毫. 三十年代臺灣海峽海上走私與海關緝私 [J]. 中國社會經濟史研究，1997, 3.

表3-5(續)

月份（月）	輸入	輸出	+入超 -出超
2	198,145	1,765,090	-1,566,951
3	2,032,187	1,162,175	+870,012
4	388,945	15,152,635	-14,763,690
5	444,250	2,591,668	-2,147,418
6	165,510	13,101,937	-12,936,427
7	165,346	24,473,355	-24,308,009
8	354,000	79,448,748	-79,094,748
9	820,087	48,959,860	-48,139,773
10	607,052	56,939,190	-56,332,138
11	103,950	11,431,600	-11,327,650
12		11,974,659	-11,974,659

資料來源：梅遠謀. 中國的貨幣危機 [M]. 成都：西南財經大學出版社，1994.

表 3-6　1931—1935 年國際銀價與中國白銀進出口價值表

年份（年）	倫敦銀價（每盎司合便士）	紐約銀價（每盎司合美元）	進口	出口	入超（+）或出超（-）	單位
1931	14.59	0.290,1	75,887,687	30,442,671	+45,445,016	關平兩
1932	17.84	0.274,9	62,255,268	69,600,852	-7,345,584	關平兩
1933	18.15	0.350,1	80,432,474	94,854,914	-14,422,440	國幣元
1934	21.20	0.481,7	10,830,380	267,558,531	-256,728,151	國幣元
1935	28.96	0.643,2	10,996,768	70,394,397	-59,397,629	國幣元

資料來源：中國人民銀行總行參事室. 中華民國貨幣史資料 [M]. 上海：上海人民出版社，1991.

三、白銀購買力提高，導致物價跌落和匯率上升

美國白銀政策引起的國際白銀價格升高，給中國帶來的另一影響則是對於中國貨幣的衝擊，即白銀購買力的提高。白銀購買力的提高會對物價和匯率造成很大影響。

（一）物價跌落

國內白銀購買力增長的必然結果是國內物價的跌落。從表 3-7 可知，1934年的價格水準相比 1931 年、1932 年、1933 年，上海分別下降了 29.6%、15.3%

和 6.7%，南京分別下降了 35.5%、30.3% 和 12.6%，漢口分別下降了 25.5%、23.4% 和 9.9%。中國物價的下跌，是由於白銀購買政策引起的白銀價格大幅上漲造成的。而中間有幾個月的白銀價格回升可以由以下原因來解釋：

（1）因為公眾對於中國銀本位的不信任。當美國白銀政策推出後，白銀價格在世界市場上漲，白銀出口增多，公眾匆忙進行消費，刺激了物價的短暫上漲。

（2）1934 年的大干旱，對於農產品價格和一些生活必需品價格的提高也有一定影響。

（3）物價的漲跌具有一定的剛性，其下跌的速度沒有白銀漲價快。

表 3-7　1930—1935 年 10 月中國各地批發物的物價指數表

年份	上海 （1926 年為 100）	南京 （1930 年為 100）	漢口 （1930 年為 100）
1930 年	114.8	100.0	100.0
1931 年	126.7	106.1	114.5
1932 年	112.4	100.8	112.4
1933 年	103.8	93.2	98.9
1934 年	97.1	80.6	89.0
1934 年 8 月	99.8	82.7	94.4
1934 年 9 月	97.3	82.0	90.7
1934 年 10 月	96.1	81.5	89.6
1934 年 11 月	98.3	81.2	88.4
1934 年 12 月	99.0	81.5	91.6
1935 年 1 月	99.4	82.6	92.1
1935 年 2 月	99.9	83.1	91.8
1935 年 3 月	96.4	81.5	89.8
1935 年 4 月	95.9	81.2	91.0
1935 年 5 月	95.0	81.5	89.3
1935 年 6 月	92.1	79.9	87.4
1935 年 7 月	90.5	79.0	88.1
1935 年 8 月	91.9	76.9	87.3
1935 年 9 月	91.1	75.0	86.5
1935 年 10 月	94.1	78.1	86.4

資料來源：梅遠謀. 中國的貨幣危機 [M]. 成都：西南財經大學出版社，1994.

如表 3-8 所示，1933 年至 1935 年 10 月，上海物價的下降趨勢相當明顯。

表 3-8　　1933—1935 年上海躉售物價指數表（1926 年為 100）

月份（月）	1933 年	1934 年	1935 年
1	108.6	97.2	99.4
2	107.6	98.0	99.9
3	106.7	96.6	96.4
4	104.5	94.6	95.9
5	104.2	94.9	95.0
6	104.5	95.7	92.1
7	103.4	97.1	90.5
8	101.7	99.8	91.9
9	100.4	97.3	91.1
10	100.3	96.1	94.1
11	99.9	98.3	103.3
12	98.4	99.0	103.3
總指數	103.8	97.1	96.4

資料來源：汪裕鐸. 二十四年度之中國金融業［J］. 交行通信，1936（8）.

（二）匯率提高

銀價上漲，則中國銀幣對各國通貨匯價上漲，1931—1935 年，英鎊對華匯價下降 50%，美元下降 45%，日金下降 60% 以上，「白銀的漲價也使得中國的銀元增值。1931—1935 年，在國際兌換中，中國銀元的價值增高了幾乎 100%」①。本幣升值，嚴重影響了中國外貿出口的正常進行，也造成國內物價低落，通貨緊縮。由於銀價上漲過快，中國關稅增長速度趕不上匯率的降低速度，導致外貨傾銷，使中國的國際收支出現逆差，更加速了白銀大量外流②。

外匯匯率上漲明顯地被分為兩個階段：第一階段是從 1932 年至 1933 年年底；第二階段是從 1934 年夏季至 1935 年 11 月。

第一階段，匯率上漲是那些或多或少遭受貶值損失的外幣降值的反應。因而這種上漲是一種被動和局部的上漲。在這個意義上，它僅僅局限於實行了貨幣貶值政策的那些國家，他們是英國、日本、美國等。對於那些猶豫是否採用

---

① 邁克爾·羅素. 院外集團與美國東亞政策［M］. 鄭會欣，譯. 上海：復旦大學出版社，1992.
② 文史資料工作委員會. 舊上海的金融界［M］. 上海：上海人民出版社，1988.

这種全憑經驗的政策的國家，比如法國，我們的匯率仍處在普通水準，絲毫未受到意外變動的損害。

第二階段，匯率與第一階段的水準相比，普遍升高大約20%。在紐約，從28美元漲到40美元；在倫敦從15便士漲到20便士；在日本從111日元漲到142日元；在巴黎也從542法郎漲到623法郎。第二階段的特徵，正是法國和使用法郎的國家的貨幣的上漲。這種上漲來源於美國採用白銀政策之後銀價的突然高漲。這次，它是一次自發的和內部的增長，因為它不僅基於外幣的變化，而且因此構成我們貨幣的白銀價值的變動。它顯示了前者普遍的降值和後者一致性的增值。它內部的毛病更甚於外部的毛病。

同時，白銀的原材料價格和貨幣的價值構成未得到重視。白銀的商品價值的增長先於其貨幣價值的增長。正是這個差別加重了貨幣危機並且使國幣失去了對外國資本的吸引力。

白銀購買力在銀本位制國家與非銀本位制國家的表現是不同的。在非銀本位制國家，白銀購買力表現為白銀與其他商品的比價。銀價高則自然可以直接增加白銀生產者的利潤，有效地刺激白銀工業的發展。在銀本位制國家，白銀購買力則表現為本位貨幣的升值或貶值，即直接表現為貨幣購買力水準。就銀本位制中國而言，白銀購買力指中國銀本位制下的白銀貨幣購買力，即銀兩和銀幣的購買力。白銀購買力具有兩種形態，即對內購買力和對外購買力。對內購買力可以通過本國的物價水準反應出來。物價低，說明單位貨幣可購商品數量多，即貨幣購買力提高；物價高，說明單位貨幣可購商品數量少，貨幣購買力下降。對外購買力通過匯率水準表現，匯率上升說明本國貨幣對外國貨幣的比價上升，可以換取更多的外國貨幣，則本國貨幣可以購買更多的外國商品，對外購買力提高；反之則相反。美國提高銀價對中國貨幣的直接經濟效應就是使中國貨幣升值。對內表現為單位貨幣可購商品數量的增加，即物價水準下降；對外表現為本幣價格相對於外幣價格的上升，即匯率上升。

物價水準持續下降，引發通貨緊縮。通貨緊縮的經濟效應一般表現在生產、消費和金融三個主要經濟領域。對生產企業而言，由於物價下跌減少了企業利潤，引發開工不足、失業率上升，繼而導致居民消費力下降。對消費者而言，物價下跌打擊了存款者的消費慾望，因為明天的物價預期比今天更低。消費心理的變化導致消費需求不足。消費需求的下降將會導致物價進一步下跌，引發更深的通貨緊縮。如果不採取刺激消費的政策措施，國民經濟將會形成惡性循環。金融行業處於生產與消費的中間地帶，不但對生產與消費起著調節作用，而且還受制於生產和消費：由於物價下跌造成企業開工不足，減少了企業

的資金需求，形成信貸資金供大於求，引起利率下降。這樣，過剩的資金沉澱在銀行裡，而銀行家很難找到資金可靠的「買主」——借貸者。信貸量的減少和利率的下降導致銀行利潤的下降，長期下去就會引發金融危機；物價下跌帶來的消費預期的降低使居民的儲蓄願望增強而增加儲蓄量。儲蓄量的上升在增加銀行成本的同時，降低了銀行的利潤。

匯率上升的經濟效應表現為利於外貨輸入而不利於貨物出口。這樣，近代以來的中國國際貿易入超的局面將會更加惡劣，國際收支逆差就會擴大。

四、白銀外流導致銀根緊縮

1932—1935年，中國白銀大量外流，導致白銀通貨嚴重緊縮的貨幣危機日益嚴重，金融危機亦愈演愈烈，信用緊縮危機嚴重惡化。信用緊縮現象反應在市場上，即為拆息的上升。拆息是金融市場的風雨表，拆息的升降表示為信用狀態的鬆緊。1933—1935年，上海市場拆息的水準明顯上升（見表3-9）。上海1935年的拆息水準平均在年息5厘以上。上海為金融的樞紐，也是遊資集中之地，市場信用尚且如此，內地情形則更嚴重。

表3-9　　　　1933—1935年上海市場拆息升降比較表

（單位：元）

月份（月）	1933年	1934年	1935年
1	0.730	1.825	8.030
2	0.365	0.365	2.920
3	1.460	1.095	2.920
4	1.460	1.460	3.650
5	1.825	2.555	4.745
6	2.555	2.555	6.935
7	1.825	1.825	7.300
8	2.190	3.485	6.935
9	2.555	4.380	5.110
10	2.920	2.555	5.110
11	2.920	6.935	5.475
12	2.920	12.045	3.650
平均	1.977	3.423	5.231

資料來源：汪裕鐸.二十四年度之中國金融業［J］.交行通信，1936（8），2.

五、銀行、錢莊等金融機構的倒閉風潮

1935 年以來，在市面不景氣的狂潮中，金融恐慌以新的姿態在遍體鱗傷的全國展開了。1935 年 5 月，國民政府財政部幣制研究委員會向美國商界來華經濟考察團遞交的備忘錄《中國白銀問題》中有詳細記載：1934 年年底，每日市場利息率，通常有 6% 左右，現已漲至 26%。在這種情況下，竟有以最低的利率，出賣長期匯票以求獲得現金的人。也有以短期借貸付 30% 以上的利息者。結果，「銀行之關閉日有所聞，上海最繁盛之街市南京路，有多家商店停歇，更有多數商號長期欠租，而租界當局拒絕請求封閉，以其數過多故也。本地銀錢行號約有 1/3 倒閉，其所發莊票，平日占信用證券之重要地位者，亦被各大銀行拒絕收受」。地產及公司股票與其他諸種信用證券，其價值已減至 50% 左右，或竟減至 50% 以下。銀行群起追加貸款的擔保品，於是「許多商號與富豪，相繼破產」。「上述情形，與未來隱患，均受美國購銀政策之賜」。①

金融恐慌伴隨財政危機，導致農村破產、工商業落後，中國經濟陷入恐慌、崩潰之中。銀行業的清理、休業現象迭現（見表 3-10）。1935 年倒閉的銀行有江南銀行、寧波銀行、世界銀行、華明銀號。錢莊倒閉者則有同泰、永興等四大匯劃莊，繼而，同年 5 月 29 日，鼎甡錢莊停業，同年 7 月 3 日，濟豐錢莊倒閉，以上諸莊資本都在資產數 10 萬元以上的大錢莊的倒閉原因多因虧本，或因欠人無法償還、人欠亦無法收回所致。同年 6 月 6 日，萬國儲蓄會上海總會發生擠兌風潮，其影響立刻波及全國。青島、濟南、天津、北平、南京、廣州等處的分會也先後發生擠兌，因其分會而相繼停業者則有南京、北平、天津等處。同年 7 月 11 日，天津中南銀行兌換券停兌，而以中央、中國、交通三銀行的紙幣代兌。同年 5 月 28 日，美豐銀行因經營地產虧本而停業，同時與其有關的普益信託公司、普益地產公司也相繼清理。至於倒閉的典當公司達 40 餘家。之前，上海典當業分舊行、新行兩種，總計 120 餘家，自「一二八」戰爭發生後，累計營業虧空甚大，合股及停閉者，自去年下季至今春，共倒閉 40 餘家，此為貧民金融機關的一大破壞。最近各典當因營業不振、虧空過大，均請求當局將當滿期 18 個月縮短至 8 個月，由此可見一斑。

---

① 卓遵宏. 抗戰前十年貨幣史資料 [M]. 臺北：國史館，1987.

表 3-10　　　　　　　　1934—1935 年中國金融業受挫情況表

時間	金融業受挫表現
1934 年 8 月 21 日	上海五華銀行停業
1934 年 10 月 11 日	上海中國興業銀行停業，各地分行同時停業
1934 年 12 月 8 日	上海儉德銀行停業
1934 年 12 月 30 日	上海元昌錢莊清理
1935 年 1 月 5 日	香港嘉華銀行停業，上海嘉華分行同時停業
1935 年 1 月 12 日	廈門商業銀行宣告停業
1935 年 1 月 21 日	上海通易銀行停業
1935 年 1 月 31 日	上海榮康錢莊停業
1935 年 2 月 1 日	上海益康錢莊停業
1935 年 2 月 7 日	上海信康錢莊清理
1935 年 4 月 20 日	上海鴻利、永興兩錢莊倒閉
1935 年 4 月 21 日	上海同泰錢莊閉歇
1935 年 5 月 23 日	天津、北平、青島等處明華銀行停業
1935 年 5 月 24 日	上海明華銀行、美商美豐銀行停業；上海美商美東銀公司、普益地產公司、普益信託公司等改組
1935 年 5 月 29 日	上海元字號鼎牲錢莊停業
1935 年 6 月 4 日	上海寧波實業銀行、上海江南銀行停業；上海福泰錢莊清理
1935 年 6 月 20 日	北平聚益元、聚德祥、同元祥、正陽、明德、鼎元初等銀號停業
1935 年 6 月 22 日	漢口源裕銀號閉歇
1935 年 6 月 23 日	漢口中源銀號宣告停業
1935 年 6 月 24 日	漢口德隆、新源、達源等銀號清理
1935 年 6 月 29 日	南京謙益錢莊清理
1935 年 7 月 3 日	上海濟豐錢莊停業
1935 年 7 月 4 日	上海世界銀行停業
1935 年 7 月 21 日	天津敦慶長銀號閉歇
1935 年 7 月 31 日至 8 月 11 日	寧波、信源、泰源、永源、恒茂、公大、瑞孚、同泰等 20 餘家錢莊停業
1935 年 9 月 1 日	上海正大銀行停業
1935 年 9 月 4 日	香港、廣州、上海等處廣東銀行停業
1935 年 9 月 16 日	香港國民銀行停業

表3-10(續)

時間	金融業受挫表現
1935年9月21日	上海信通銀行停業
1935年10月2日	汕頭巨豐、光大兩銀號閉歇
1935年10月5日	上海美商信濟銀行清理
1935年10月22日	上海華業銀行清理

資料來源：汪裕鐸. 從美國提高銀價說到中國新貨幣制度［J］. 交行通信, 1935 (7), 6.

「1935年清理休業各銀行共計18家，實收資本達25,665,110元，洵為近數年來，銀行業未有之損失。一般休業原因，大概不外地產跌價，擠兌提存，週轉不靈等數項，足見經濟社會在高度衰落之下，銀行業務不但無由發展，即資金之運用稍有不慎亦足以招致困難也」[①]。上述倒閉的銀行，不是營業正遭受取締而停業，便是投機虧空而失敗，前者我們可以看出中國銀行「畸形」的樣相與資本的空虛，後者我們可以明了中國銀行基礎不牢固與其在全國經濟破產中經營投機事業的表現。

1935年的《申報》記載，由上海金融恐慌所波及的北平聚盛源銀號在6月20日宣布清理後，右據德祥、同元祥兩銀號，因存戶提款，週轉不靈，亦宣告停業。青島銀行亦因虧空而停業。在南方，寧波金融風潮發生後，錢莊擱淺者達二十餘家。自1935年7月30日起，因受社會經濟不景氣的影響，信源、太源、永源、五源四大錢莊被清理後，人心浮動，存戶紛紛提款，致週轉不靈，於1935年8月1日起，又有恒茂、惟康、興源、衍康四家錢莊同時自動停業，1935年8月2日又有公大、承源、寶和、恒祥、寶淛、泰巽、裕源等9家錢莊停業，1935年8月3日有元康、寶鑫、豫源三錢莊宣告清理，金融風潮嚴重，目前尚苟延殘喘者僅10餘家而已。上述倒閉的20餘家錢莊總資本約在百萬左右，收付流通總資本在千萬元以上，實為浙江省金融界的巨大損失。

同樣，漢口亦受上海的影響而發生金融恐慌，即1935年6月22日晚，浙江幫裕源銀號宣告清理，1935年6月24日，中國通商銀行漢口分行發生擠兌，錢業受其影響以致週轉不靈而繼續宣告清理的有中源、達源、德隆、永茂、永安等5家。當時雖經中國銀行、交通銀行運現銀兩百萬赴漢，以救一時之急，而今年發生水災，湖北受害最大，市面不景氣更甚於前，因為金融恐慌的危機潛伏待發。

蕪湖為安徽省最大的商埠，近4年來，錢莊的經營狀況衰落。民國十八九年時，米業最盛，錢莊多至四五十家，可是自民國二十年大水災以來，逐年倒

---

① 汪裕鐸. 二十四年度之中國金融業［J］. 交行通信, 1936 (8), 2.

閉者，層出不絕，到現在，僅存六七家錢莊而已。其次是四川重慶市的金融恐慌，當地因農村破產，致錢莊倒閉者時有所聞，實為四川金融界的浩劫。

內地各省市的銀行錢莊典當，更是在倒閉與擠兌的浪潮中溺沉下去。1935年休業的銀號錢莊共達 111 家之多，尤以寧波的錢業風潮最為重大，當年七八月之間為時僅約 10 日，宣告清理之錢莊達 29 家，營業總額約近 20,000,000 元。其次為上海，先後歇閉錢莊也達 10 家，經政府提撥金融公債 25,000,000 元從事救濟，得以安然過渡，惟內部實力已大見減縮。再次為漢口與北平，漢口自裕源莊宣告清理後，相繼停業者，共計近 10 餘家，其風潮之猛烈，不亞於寧波，幸經銀錢兩公會撥資 500,000 元從事救濟，始告平息。北平一地，因現銀缺乏，銀號營業逐漸縮小，5 月及 11 月兩月宣告清理者達 11 家。此外，如天津、濟南、南京、青島、汕頭、福州等地，錢莊倒閉者也多有之，只是情勢則較為緩和。① 民國二十一年，南通倒閉錢莊 3 家，鎮江過去有錢莊四五十家，當年營業者只有 7 家，但又倒閉晉生、正大、晉源、裕源 4 家；蕪湖倒閉恒興、晉孚、錫和等數家；鄭州倒閉銀行共 6 家；廣州倒閉錢莊 6 家；濟南倒閉錢莊 2 家；青島倒閉 2 家；廈門的銀行錢莊停業者共 14 家。民國二十二年，廣州省立銀行擠兌，韶州、海口、江門各分行也發生風潮，市內兆榮、廣信等 12 家銀號，領海銀業公司和大中儲蓄銀行相繼倒閉；汕頭的金融該年崩潰 3 次，第一次是在舊曆清明節後、端午節前，倒閉錢莊 15 家，第二次是在夏秋間，源大、成茂、寶盛等錢莊倒閉，第三次是在陽曆年底，光發、智發、鴻發等六家也倒閉，共計 3 次倒閉，負債在 600 萬元以上；廈門與濟南的錢莊紛紛倒閉，開封與徐州則發生極大的擠兌風潮，尤其是徐州，竟因擠兌，釀成人命慘劇。民國二十三年，情形更加緊張；當年 2 月間，蘇州倒閉錢莊三家；當年 5 月間，湖南省銀行擠兌；廣西紙幣風潮平息；當年 6 月間，安徽四省農民銀行分行、綏遠平市官錢局、山西省立銀行、西北墾殖銀行先後發生擠兌風潮；當年 9 月間，河南農工銀行擠兌，浙江嘉興倒閉錢莊 3 家；當年 10 月間，寧波春榆錢莊倒閉，天津大中銀行擠兌，錢莊倒閉的有 5 家，四川萬縣倒閉錢莊 10 餘家；當年 11 月間，四川渝埠倒閉錢莊數家；當年 12 月間，潮汕金融領域騷動。銀票出現偽造，銀根乃更見奇緊，港汕匯價特別提高，港紙千元，須貼水 380 元，現銀被送往香港，每千元可獲利 80 至 200 元。

《東方雜誌》記載，至於典當，江蘇省有 40 個縣有典當機構，共 345 家，當年因當多贖少，破產迭起；浙江省有 48 個縣有典當，共 309 家，其數遠不

---

① 汪裕鐸. 二十四年度之中國金融業 [J]. 交行通信, 1936 (8), 2.

如以前。民國 16 年以前，紹興有 140 餘家典當，現存者僅半數，停閉百分之五十；廣東全省押店共 1,276 家，較之往昔，減少 200 家。

第二節　金融危機對國民經濟的影響

一、農業危機進一步加深

1931 年秋季開始爆發中國農業危機，至 1934 年，因農產品價格狂跌及水旱災害交作，以最深刻、最普遍的形式表現出來。稻米、小麥及其他穀物的產銷危機相當嚴重，各種出口農產品和工業原料作物的產銷危機同樣十分嚴重。農村副業在危機中崩潰。農村資金大量外溢，流入都市，導致農村金融枯竭，進而致使農業危機進一步加深。

1. 農產品價格狂跌

1935 年，中國白銀通貨嚴重不足的金融危機，在農業領域首先表現為農產品價格的狂跌。從表 3-11、表 3-12、表 3-13 中可以清楚地看到，自 1931 年起，中國各地農產品價格即開始下降（如表 3-11 所示），1932—1934 年，各地農產品價格下降的速度加快、幅度加大，至 1934 年，各種農產品的價格可謂跌落到了最低點，慘不忍睹。1934 年，五穀類、茶葉類與籽棉、棉穰的價格指數比 1933 年的稍微提高（如表 3-12、表 3-13 所示），主要是由於水旱災荒特別嚴重，所以引起了所謂反常的「災荒景氣」。儘管如此，其價格同 1930 年的水準相去甚遠。由於世界市場的萎縮，若干輸出農產品的價格跌落比糧食價格更為迅速。

表 3-11　1927—1936 年天津和上海農產品躉售價格指數表（1926 年為 100）

年代（年）	天津	上海	年代	天津	上海
1927	102.51	102.6	1932	89.74	92.9
1928	103.34	94.7	1933	73.03	80.7
1929	106.75	99.4	1934	64.26	77.4
1930	106.82	113.2	1935	81.92	86.1
1931	95.74	105.8	1936	101.93	96.7

資料來源：章有義. 中國近代農業史資料第三輯（1927—1937）[M]. 北京：生活・讀書・新知三聯書店，1957.

表 3-12　1931—1934 年上海農產品躉售價格指數表（1930 年為 100）

類別	1931 年	1932 年	1933 年	1934 年
五谷類	79.79	71.10	54.85	62.14
紡織原料類	101.40	81.48	80.04	74.52
豆及子仁類	108.82	90.37	75.87	60.13
畜產類	102.44	98.03	97.44	87.58
茶葉類	138.46	114.49	86.23	89.97
菸酒類	99.55	102.80	110.10	96.74
總指數	100.30	86.67	77.14	71.87

資料來源：章有義. 中國近代農業史資料第三輯（1927—1937）[M]. 北京：生活·讀書·新知三聯書店，1957.

表 3-13　1933—1936 年上海與河北農產品價格指數表（1932 年為 100）

地區	農產品	1933 年	1934 年	1935 年	1936 年
上海	常熟機粳米	73	90	106	90
上海	漢口小麥	84	81	95	124
上海	河南火車豆	88	64	83	121
上海	山東生仁	75	57	81	110
上海	陝西中棉	96	93	91	114
上海	無錫絲繭	104	75	87	105
上海	祁門紅茶	65	74	71	65
上海	大號雞蛋	89	62	59	77
河北	小麥	65	51	75	101
河北	谷子	74	66	89	113
河北	玉米	71	60	89	121
河北	紅糧	71	61	95	134
河北	黑豆	71	48	76	107
河北	花生	83	86	115	155
河北	籽棉	93	106	93	116
河北	棉穰	94	104	93	111

資料來源：章有義. 中國近代農業史資料第三輯（1927—1937）[M]. 北京：生活·讀書·新知三聯書店，1957.

農產品價格的漲落，可視為農業經濟興衰的表現，同時也是引起地價、工資及其他生產要素價格增減的主要因素。農產品價格的狂跌，沉重打擊了農業經濟，廣大農民紛紛破產，農民拋荒棄田、抗租搶米的現象屢見不鮮。

2. 農產品收成低落

1931—1936年，中國各地災荒頻繁，農作物收成低落（如表3-14所示），廣大農民經常因為生產不足而陷於饑餓狀態。再加上這期間又遭遇農產品價格跌落的危機，農業恐慌的嚴重程度不堪設想。

表3-14　1931—1936年中國各省主要農作物收穫成數之百分比表

農作物	1931年	1932年	1933年	1934年	1935年	1936年
小麥	63	63	66	66	57	64
大麥	64	67	66	70	65	68
豌豆	-	-	56	67	59	63
蠶豆	-	-	61	68	65	64
油菜籽	63	65	61	69	65	63
燕麥	-	-	64	69	59	63
秈粳稻	68	77	71	57	70	71
糯稻	69	77	68	55	68	71
高粱	60	68	65	61	64	71
小米	62	64	61	63	64	65
糜子	61	60	57	56	59	62
玉米	64	67	62	61	66	62
大豆	56	63	70	56	51	61
甘薯	67	74	68	65	69	60
棉花	56	58	59	55	54	65
花生	-	-	66	62	59	63
芝麻	-	-	63	57	55	60
菸葉	-	-	64	62	59	63

註：本表數據是按察、綏、寧、青、甘、陝、晉、冀、魯、蘇、皖、豫、鄂、川、滇、黔、湘、贛、浙、閩21省的收成百分比，以作物的面積加權平均而得。

資料來源：章有義. 中國近代農業史資料第三輯（1927—1937）[M]. 北京：生活·讀書·新知三聯書店，1957.

3. 農產品銷售相當困難

受 1929—1933 年世界經濟危機的影響，世界市場萎縮，1932 年以後，中國農產品輸出大大減少（如表 3-15 所示）。而洋貨傾銷中國，中國人民的購買力又受通貨緊縮的影響而日益降低，故各種農產品銷售相當困難，農產品價格猛跌。因此，物賤、農傷的危機日益嚴重，農村經濟陷於絕境。

表 3-15　　　　　1929—1936 年中國主要農副產品輸出統計表

（單位：擔）

年份(年) 產品	1929	1930	1931	1932	1933	1934	1935	1936
小米	3,781,419	4,094,666	2,947,049	2,819,700	124	872	1,119,371	762,937
小麥	802,185	19,881	7,499	416,825	39,367	219,426	156,743	524,000
黃豆	41,015,440	28,578,582	38,060,580	17,269,469	95,579	28,351	34,233	101,872
花生	1,613,835	3,231,182	4,140,222	3,086,413	2,191,450	2,273,684	2,666,802	1,238,161
茶	947,730	694,048	703,206	653,556	693,757	778,194	630,842	616,682
菸葉	127,608	116,465	137,475	98,329	156,785	245,705	224,440	284,500
棉花	943,786	825,545	789,862	663,264	723,632	346,362	520,876	609,377
苧麻	238,862	151,227	233,924	238,695	196,026	309,316	268,835	326,544
芝麻	1,467,208	1,923,273	1,671,481	526,628	553,195	719,846	1,936,839	1,758,715
桐油	1,069,650	1,167,255	864,864	802,769	1,246,847	1,079,791	1,222,083	1,434,651
豆油	1,115,047	1,889,316	1,463,435	463,751	1	93	8	10,935
花生油	310,264	831,603	814,432	324,046	305,512	322,044	638,376	514,533
生絲	189,980	151,429	136,186	76,670	75,654	54,544	76,322	62,756
夏布	18,983	10,323	24,741	9,556	7,226	10,673	8,579	11,629
總計	53,641,997	43,684,795	51,994,956	27,449,671	6,285,155	6,388,901	9,504,349	8,257,292

資料來源：章有義. 中國近代農業史資料第三輯（1927—1937）[M]. 北京：生活・讀書・新知三聯書店，1957.

4. 農村金融枯竭

白銀危機中，因工農產品價格剪刀差的擴大（見表 3-16），農產品的購買力急遽下降（見表 3-17），各地農村貿易入超嚴重，農村資金大量流入都市（見表 3-18），導致農村金融枯竭，「農民幾至借貸無門，坐以待斃，其凋敝情形於此可知矣」①。

---

① 章有義. 中國近代農業史資料第三輯（1927—1937）[M]. 北京：生活・讀書・新知三聯書店，1957.

表 3-16　1932—1934 年中國農產品購買力指數表（1931 年為 100）

年度（年）	農產品價格指數	生活品價格指數	農產品購買力
1932	89.76	93.20	96.31
1933	75.47	85.07	88.72
1934	70.30	84.08	83.61

註：本表採用的農產品價格指數來自天津、上海兩地；採用的生活品價格指數來自北平、上海兩地。農產品價格，都市較鄉村高，其程度等於運銷費用加上稅捐；生活品價格，鄉村較都市為高，程度等於運銷費用加上稅捐。所以如果用鄉村的農產品價格和生活品價格來測量農產品的購買力，則其降低的程度相當大。

資料來源：章有義. 中國近代農業史資料第三輯（1927—1937）[M]. 北京：生活·讀書·新知三聯書店，1957.

表 3-17　1933—1936 年上海與河北兩地農產品購買力變動比較表

（1932 年為 100）

年份（年）	上海 農產品價格指數	上海 農用品價格指數	上海 農產品購買力指數	河北 農產品價格指數	河北 農用品價格指數	河北 農產品購買力指數
1933	84	97	86	78	84	93
1934	79	98	80	73	84	87
1935	89	106	84	91	109	83
1936	103	125	82	120	127	95

資料來源：章有義. 中國近代農業史資料第三輯（1927—1937）[M]. 北京：生活·讀書·新知三聯書店，1957.

表 3-18　1932—1934 年內地資金流入上海情形表

年度（年）	地點	經由中行匯出百分率	經由中行匯入之百分比	入超（+）或出超（−）
1932	上海	36.10	63.40	+27.3
1932	內地	63.90	36.60	−27.3
1933	上海	28.40	74.00	+45.6
1933	內地	71.60	26.00	−45.6
1934	上海	32.91	72.91	+40.0
1934	內地	67.09	27.09	−40.0

資料來源：莫溋. 上海金融恐慌的回顧與前瞻[J]. 東方雜志，1936（33），22.

二、鄉村手工業崩潰

20 世紀 30 年代的中國農民「恒於農暇從事於工業品之製造，以為副業。以舉國必需之衣料棉布為例，則五分之四之產量，仍為農民家庭之手織機所生產。如蠶絲毛麻之織造，亦為農家之主要副業。食品如面粉、油、酒，日用品如皂、鹼、筐、簍之類，藝術品如花邊、刺繡之屬，亦無一而非農家之副業」①。受白銀危機的影響，1932—1935 年，中國鄉村手工業迅速崩潰。

例如，鄉村紡織手工業普遍迅速崩潰。江西土布銷量逐年減少的情形就是一個證明：1930 年銷布 320 萬疋，1931 年銷布 290 萬疋，1932 年銷布 210 萬疋，1933 年銷布 200 萬疋。1934 年，成都綾紗業織機，較暢銷時減少 2/3。1935 年 1 月，四川隆昌縣夏布行業失業工人達 167,000 人，失業而病死的達 5,000 人；南充綢廠由 20 餘家減至 3~4 家。其他如景德鎮的瓷業，1934 年，窯戶每日開燒者只占七八年前的十分之一二，窯戶由 4,000 戶減至 1,000 戶，工人由 10 萬人減至三四萬人，營業總額由 1,500 萬元縮減至二三百萬元。1932 年，白銀危機發生前，福建連城縣每年產紙 6 萬擔，每擔約 50 元，至 1934 年，年產僅 1 萬餘擔，每擔價格反跌至 30 餘元。② 可見制紙業同樣迅速崩潰。同時，棉織業、面粉業等鄉村重要手工業在這一時期也都急遽衰落。

據 1935 年各種副業的興衰情況調查結果顯示（見表 3-19），除幫傭、割柴草及兼營小商販三項副業外，其餘各種農村副業均呈現衰落趨勢。又據 1936 年各地通訊，更瞭解這一時期農村副業衰落的真相。通過所舉數例，可見一斑。在河北任邱縣，紡織土布為農村主要副業，銷售於山西省及鄰近各縣。白銀危機發生後，既受洋布傾銷影響，土布日趨沒落；又因通貨緊縮，物價暴跌，原本布店林立的縣城，店鋪倒閉始盡，甚為蕭條。在河北玉田縣，鄉村手工業以土布、葦席為主，白銀危機時期因銷場缺乏，致一落千丈。「昔日業者凡四五千戶，今則不過數十戶，工人大部失業離村」。又如河南省各縣農民多在春冬農暇之時，兼營榨油、制粉條、紡織土布、編帽辮、編柳具、造紙、制大香、做紙炮等副業，借以補助家計。白銀危機時期，外貨大量傾銷，

---

① 章有義. 中國近代農業史資料第三輯（1927—1937）[M]. 北京：生活·讀書·新知三聯書店，1957.

② 章有義. 中國近代農業史資料第三輯（1927—1937）[M]. 北京：生活·讀書·新知三聯書店，1957.

再加上物價狂跌,「影響所及,致農村副業日趨衰落,陷於不可收拾之狀態」。①

表 3-19　　　　1935 年各種農村副業興衰情況的調查結果表

主要副業	報告次數（次）	從業之農家占總農家的百分比	近年來之興衰
養蠶	1,228	10.4	衰
養蜂	1,088	3.5	衰
養魚	651	5.0	衰
紡紗織布	1,750	23.9	衰
編草鞋草繩	862	7.3	衰
編織草帽辮	68	1.2	衰
制土磚	1,465	5.7	衰
幫傭	1,898	17.6	興
割柴草	1,854	27.1	興
兼營小商販	2,295	15.1	興
兼業木匠	2,085	7.5	衰
兼業裁縫	1,223	4.4	衰

資料來源:章有義. 中國近代農業史資料第三輯（1927—1937）[M]. 北京:生活·讀書·新知三聯書店,1957.

三、民族工業日益凋敝

1934 年以後,中國民族工業經歷銀根緊縮的艱辛,大概多數工廠大都資本不足,以銀行貸款為營運資本,而 1934—1935 年的利率又過高,即使地位最優的工廠,也不得不限制其經常產量。中國民族工業與和他商業關係最多的錢業,都收縮放款,商家因此無法儲集存貨。因與洋貨競爭,外匯放長,私運日增,國貨迭受打擊。故在 1935 年 11 月,法幣改革施行以前,中國民族工業在白銀危機的沉重打擊下日益凋敝。本書選擇最具代表性的紡織業與繅絲業分述於後。

（1）紡織業。1934 年,雖然華廠紗錠增加 105,341 枚,線錠增加 7,182

---

① 章有義. 中國近代農業史資料第三輯（1927—1937）[M]. 北京:生活·讀書·新知三聯書店,1957.

枚，布機增加 1,845 臺，但是，紗線產量反較 1933 年減少 45,000 餘包。至於棉布產量，亦較 1933 年減少 508,088 匹。大概因為 1934 年紗價的衰落，實所罕見：標紗市價比 1933 年平均下跌 13.2 元；比 1932 年下跌 43.5 元。而棉花成本，每擔平均計價 43.75 元，較 1933 年增加 0.12 元。故資本較弱的廠無法維持，紛紛減產停工。1934 年上半年，全國開工錠數，總計 4,678,272 枚；停工錠數，計 1,224,267 枚。再看各廠存紗，「幾達近年之最高額」。以上海市場的存紗情況為例，1934 年 2 月底總計 165,704 包，較 1933 年同期多 32,636 包；3 月底計 167,150 包，較 1932 年同期多 7,623 包。其後一面紗銷稍暢，一面縮減生產，因之存紗漸少，但至 1934 年 11 月底，尚存 71,717 包。[①] 至 1935 年，「紗價異常低廉，6 月間標紗價格每包 158.9 元，實為 15 年來的最低記錄」，大多工廠被迫陷於全部或局部停工的境地，「6 月末停工之錠，約占全體四成，嗣新棉上市，雖有多廠勉強復工，但至年終未開工的紡錠織機尚達 25%」。[②]

（2）繅絲業。1933 年年底，江、浙兩省的 180 餘家絲廠的 4 萬餘部繅絲車頭，大半停頓。1934 年夏，絲價略高，原料尚賤，開工者始見增加，但多數仍存觀望，靜待時機。實際上，中國繅絲業在 1934 年「非特未見轉機，抑且衰落更甚」「惟因生絲市場，向在歐美；人造絲之競爭，與夫世界不景氣，皆足減少生絲之銷路；且日匯步跌，有利日絲之推銷，更令華絲無法競爭」。1934 年，中國生絲出口量，約 33,000 擔，較 1933 年減少 28%。1934 年，上海有 108 家廠，開工者不過 23 家；無錫有 50 家廠，開工者僅有 33 家；浙江全省只有 16 家廠開工；且多為臨時集資租廠代繅的性質，時作時輟；而四川、山東、廣東各絲廠，亦復衰敝異常。四川絲廠分鐵機與木機兩種：1933 年，鐵機絲廠尚餘 19 家，1934 年上半年尚存 11 家，年底則全停頓矣！木機絲廠規模較小，大都散於農家，無從統計。山東絲廠，亦有鐵機、木機之分，惟鐵機絲廠寥寥無幾，木機散布四鄉，皆系家庭工業，在危機中日益衰落；1934 年，雖經該省建設廳勸導組織制絲合作社，並改良技術，已較前進步，但依舊很不景氣。至於廣東絲廠，1934 年開工者僅 50 餘家，較其全盛時期減少 2/3。[③] 至

---

① 陳真，姚洛. 中國近代工業史資料（第一輯）[M]. 北京：生活·讀書·新知三聯書店，1957.
② 陳真，姚洛. 中國近代工業史資料（第一輯）[M]. 北京：生活·讀書·新知三聯書店，1957.
③ 陳真，姚洛. 中國近代工業史資料（第一輯）[M]. 北京：生活·讀書·新知三聯書店，1957.

1935年，年初絲價更加低廉，繅絲業衰落更甚，「但至6月國外需要增加，價遂上漲，至11月竟開近數年來之新紀錄」。1935年一年之中，絲價自最低的每擔380元，一躍而至700元以上。1935年，中國繅絲廠開工者約300家，繅絲車計123,000架，但隨市況及絲價變動而時有增減。即以江浙兩省而論，年初開工者約20家，但自6月以後即逐漸增加，至10月，開工者已達94家，繅絲車達24,000架。[①]

四、商業日益蕭條

1932—1935年，國際銀價持續上漲，中國因實行銀本位制而深陷白銀危機之中。銀價貴則中國的外匯上漲（如表3-20所示），妨礙中國商品的出口。而出口不振，就影響到農工商業，全中國人的購買力減少，進而導致中國的進口貿易及國內貿易日益蕭條。如表3-21所示，1932年以後，中國出口貿易值迅速下降，與此同時，進口貿易值同樣有所減少。又如表3-22所示，這一時期，中國各地商店的營業狀況相當糟糕，由此可見，國內商業貿易日益蕭條。以上海為例，如表3-23和3-24所示，1934年和1935年，上海商業嚴重蕭條，平均每月有30~40家商業企業破產停業，更有上百家商業企業重新改組；1934年，上海商業企業倒閉總數為254家，1935年，上海倒閉的商業企業總數更是多至469家，直至1936年都沒有恢復元氣。

表3-20　　　　　　　　1932—1935年上海對英美匯價表

時期	對紐約（國幣百元合美元）	對倫敦（國幣一元合便士）
1932年平均	21.487	14.766
1933年平均	26.109	14.824
1934年平均	33.782	16.096
1934年1月	33.500	16.000
1934年2月	33.966	16.216
1934年3月	34.250	16.125
1934年4月	33.964	15.807
1934年5月	32.216	15.139

---

① 陳真，姚洛. 中國近代工業史資料（第一輯）[M]. 北京：生活·讀書·新知三聯書店，1957.

表3-20(續)

時期	對紐約（國幣百元合美元）	對倫敦（國幣一元合便士）
1934年6月	32.760	15.575
1934年7月	33.651	16.016
1934年8月	34.663	16.399
1934年9月	35.278	16.948
1934年10月	34.391	16.697
1934年11月	33.043	15.889
1934年12月	33.700	16.342
1935年1月	34.507	16.937
1935年2月	36.122	17.778
1935年3月	38.000	19.085
1935年4月	38.505	19.109

資料來源：鄭允恭. 銀價騰貴與中國 [J]. 東方雜誌, 1935 (32), 13.

表3-21　1927—1935年中國進出口貿易情況表（除去東三省對外貿易）

單位：百萬元

年份（年）	進口	出口	入超
1927	1,298	980	318
1928	1,530	1,047	483
1929	1,620	1,070	550
1930	1,723	944	779
1931	2,002	915	1,087
1932	1,524	569	955
1933	1,345	612	733
1934	1,030	535	495
1935	919	576	343

資料來源：耿愛德. 一九三五年白銀潮流中之中國經濟狀態 [J]. 交行通信, 1936 (8), 5.

表 3-22　1930—1935 年中國各省商店營業狀況占平常年的百分比表

省別	有報告之次數（次）	1930年	1931年	1932年	1933年	1934年	1935年
察哈爾	17	53	51	55	48	49	49
綏遠	18	54	59	59	58	56	49
寧夏	7	35	60	63	49	43	28
青海	14	66	61	51	44	38	39
甘肅	37	40	38	41	45	48	54
陝西	120	44	47	49	55	63	60
山西	197	63	58	54	54	56	52
河北	498	65	64	59	53	52	47
山東	263	60	61	57	58	54	47
江蘇	209	78	68	65	61	55	51
安徽	106	79	61	59	60	52	48
河南	232	57	57	60	63	63	51
湖北	59	57	49	48	51	46	46
四川	112	67	63	60	54	46	38
雲南	17	58	56	54	49	49	41
貴州	22	62	61	50	42	32	35
湖南	73	74	77	70	63	55	45
江西	54	61	62	76	61	50	41
浙江	115	73	73	67	69	48	37
福建	51	79	76	65	59	49	41
廣東	88	76	75	69	60	51	43
廣西	68	62	61	59	55	50	45
總計	2,377	62	61	59	55	50	45

資料來源：章有義. 中國近代農業史資料第三輯（1927—1937）[M]. 蔡靜儀, 譯. 北京：生活·讀書·新知三聯書店, 1957.

表 3-23　　　　　1933—1935 年上海的商業倒閉和改組情況表

單位：家

年代	破產停業數（每月平均數）	改組數（每月平均數）
1933 年	17.83	5.08
1934 年	30.53	107.50
1935 年 1~6 月	41.67	155.17

資料來源：帕克斯·M·小科布爾. 上海資本家與國民政府（1927—1937）[M]. 蔡靜儀, 譯. 北京：中國社會科學出版社, 1988.

表 3-24　　　　　1934—1936 年上海商業倒閉分佈情況表

單位：家

年代（年）	倒閉總數	工廠	商業企業	銀行及金融企業	不動產及基建業
1934	510	83	254	44	6
1935	1,065	218	469	104	12
1936	784	134	347	49	8

資料來源：帕克斯·M·小科布爾. 上海資本家與國民政府（1927—1937）[M]. 蔡靜儀, 譯. 北京：中國社會科學出版社, 1988.

第三節　中國金融危機滯後於世界經濟危機的原因

　　從貨幣制度角度進行分析，才能清楚白銀的漲跌在中國有什麼後果。白銀在中國是貨幣，充當價值手段，而在西方多數國家，因為貨幣制度實行的是金本位，白銀並非貨幣，而是商品，如英、美皆如此。1929 年春開始，國際銀價持續下降。到 1931 年 9 月，紐約銀價下降了 51.1%，倫敦下降了 50.5%。在金本位國家，白銀是商品而非貨幣，白銀也會隨其他商品一併下降，因為短期價格波動頻繁，白銀價格甚至可能比同時期其他商品下降得更為嚴重。相比之下，在以白銀為貨幣的國家，銀價下跌導致了商品價格的上漲。中國在 1929—1931 年的情形就是如此。《上海商品價格年度報告》指出，中國當時的物價上漲了 21.2%，而美國、英國、日本和法國的物價卻在下跌。這時，大量的白銀從國外運輸到中國，用來出售，以換取外匯，從而獲取利潤。

　　以上海為例，1929 年的中外銀行存銀總量約為 26,801.9 萬元，1933 年為

50,843.0萬元,① 增加了89.7%。由於中國對外貿易的特殊傳統和結構,大多數出口商品價格不能迅速反應白銀價格跌落的程度;以白銀計算的進口商品價格的上漲幅度也可能沒有像銀價跌落的幅度那麼大;與外貿有密切關係的外國在華銀行憑藉自由輸入和運出金銀的特權趁機大量輸入白銀牟利,輸入的白銀可以成為在當地擴大信用的基礎,同時金貴銀賤的比價使得外資在中國所獲得的利潤也就少匯或不再匯回其母國而留在中國擴大投資。所以中國的資本市場,受到白銀對黃金比價下跌的刺激,出現了一種「特殊的繁榮」——有效貨幣需求擴大,信用擴張,利率水準下降,許多行業還有一定的利潤。

當白銀匯率比其他商品價格下降得更快的時候,意味著中國進口價格上升,勞動力成本相對世界水準降低。向中國輸入商品越來越難。同時,當銀價下降時,中國的資本出口也沒有利潤產生。相反,由於白銀匯率下降,白銀的利息和紅利提高。然而,滯留中國的資本被用於投資只是暫時的,一旦匯款更為有利就會停止。匯出國外匯款的減緩只是臨時提供了一種信貸來源,但隨著時間的推移,它也增加了中國匯率的不穩定性,因為資本隨時可能會撤出中國。② 當然,這種經濟景氣是十分脆弱的,但這種金融現象的出現卻防止了資本主義世界經濟危機的立即到來。

而在1931年之前,由於白銀的流入,貨幣供應量不斷增加,中國呈現的是溫和的通貨膨脹狀態,這對中國經濟的發展是有利的。而1931年9月之後,隨著各國相繼放棄金本位,白銀相對外幣升值,白銀開始外流,但速度較慢,直到1934年,美國白銀政策實施後,中國白銀外流的速度明顯加快,中國由溫和的通貨膨脹變為通貨緊縮,中國的金融危機則全面爆發了。

1929年開始,世界資本主義體系發生了嚴重的經濟危機。而中國則在1934年6月之後,才爆發了金融危機。

---

① 中國人民銀行總行參事室. 中華民國貨幣史資料(第二輯) [M]. 上海:上海人民出版社,1991.
② 柯宗飛. 白銀行情 [J]. 金融與商業,1935(25),11:296-297.

第四章　金融危機前後政府的金融措施

　　金融危機的發生原因複雜，但因其破壞力巨大，對金融危機的預防和治理非常重要。中國近代金融業發展不健全，中央銀行遲遲不能履行其發行和管理貨幣的職能，政府則努力對金融業進行統制，並在金融危機發生後，充當最後貸款人角色，積極應對。

第一節　金融危機前政府實施全國性金融統制

　　中國金融業由於貨幣制度的紊亂，加上世界經濟危機的衝擊，已經出現了致命的、不可逾越的問題，並且已經引起了政府和學術界的密切關注，中國政府面臨著迫在眉睫的金融改革問題。

　　1927年，南京國民政府成立以後，致力於全國統一事業，認識到金融業在國民經濟和國家機器中的特殊地位。國民政府一成立，就著手加強對金融業的管理和控制。

　　1927年，金融監理局成立，隸屬財政部，專門負責監理全國「金融行政上一切事宜」。金融監理局下設三課：一課職掌審核銀行章程及條例、檢查銀行業務及財產、監察銀行紙幣發行及準備，以及銀行「其他一切事物」；二課職掌審核交易所、保險公司、信託公司、儲蓄公司、儲蓄會等機構業務，檢查其財產，徵收交易所得稅，以及「其他一切事項」；三課職掌、厘定一切金融法規及章程，調查國內外金融狀況，進行金融各項統計等。[①] 1927年11月28日公布的《金融監理局檢查章程》載明，該局「有檢查全國各金融機關之權責」，檢查範圍和內容包括各金融機構「一切業務及財產事項」、銀行紙幣及

---

　　① 中國第二歷史檔案館. 中華民國史檔案資料匯編（第五輯）[M]. 南京：江蘇古籍出版社，2010.

流通券的「發行及準備事項」。①

然而，由於金融監理局成立後，全國銀行和金融機構的業務活動和財產受到了國民政府的控制，金融機構對其的反對呼聲愈發強烈。1927 年 11 月 11 日，金融監理局向中國銀行發布訓令，由財政部指派一名監理官「監視中國銀行一切事物」，隨時檢查「各種簿記及金庫，每星期至少一次」。同時「監理官得請銀行編製各種表冊及營業帳略」等。交通銀行也接收到內容一樣的訓令。但訓令遭到中國銀行、交通銀行的抵制。上海銀行業聯合會和上海銀行公會還開會決議，任何機關，如向會內銀行查帳，「非經本會大會通過，不得任意檢查」。② 之後，國民政府無法控制設在租界內的華資銀行和其他金融機構，對軍閥控制的地區也無能為力，金融監管局只得於 1928 年 8 月裁撤。

1928 年 6 月，南京國民政府召集私人企業家和財政專家在上海舉行全國經濟會議；同年 7 月又召集中央及地方掌管財政的各級官員在南京舉行全國財政會議。在這兩個會議上，與會代表深入探討了財政收支、金融統一、幣制整理、債務信用、稅務改革、貿易管理等重大問題，並在整理財政大綱、確定幣制方針、發展銀行業務等方面達成共識，還專門就「廢兩改元」及建設國家銀行兩大項目進行立案決議。③

一、籌建中央銀行

在南京國民政府成立中央銀行之前，於 1924 年 8 月和 1927 年 1 月分別在廣州、武漢，均成立過中央銀行。

1924 年秋，廣東革命政府創辦中央銀行，目的是「調劑國內金融，補救國民經濟」，樹立信用，發行紙幣，以支持革命活動。擬定中央銀行章程，將資本定為 1,000 萬元，從募集外債充之。總行設置於廣州，各省會、商埠設立分支行。規定可經營的業務有 7 項，政府授予其特權 4 項。

而在當時的社會環境下，籌集資本 1,000 萬元十分困難，主要是一切稅收均須用中央銀行紙幣，因而繳納稅款者必須以現金向該行換取鈔票，以推動鈔票的流通並維持信用。當時廣東幣制十分紊亂，多使用毫券，該行發行鈔票均

---

① 中國第二歷史檔案館. 中華民國史檔案資料匯編（第五輯）[M]. 南京：江蘇古籍出版社，1994.
② 中國第二歷史檔案館. 中華民國史檔案資料匯編（第五輯）[M]. 南京：江蘇古籍出版社，1994.
③ 中國人民銀行總行參事室. 中華民國貨幣史資料（第二輯）[M]. 上海：上海人民出版社，1991.

以毫洋為單位。1928 年，南京國民政府的中央銀行成立之後，廣州中央銀行改組為廣東省銀行，其之前發行的鈔票由改組後的廣東省銀行全部收兌。

國民革命軍北伐到達武漢後，於 1927 年 1 月 20 日設立中央銀行漢口分行。漢口中央銀行開業後，即發行印有「漢口」字樣的鈔票。

1928 年 10 月 5 日，國民政府召開第九十九次會議，通過《中央銀行條例》及《民國十七年金融短期公債條例》。財政當局隨即積極籌備中央銀行開業，並決定於金融短期公債內撥 2,000 萬元為該行資本。國民政府授予中央銀行發行兌換券、鑄造及發行國幣、經理國庫、募集或經理國內外公債事務的特權。中央銀行還可以辦理票據貼現或重貼現、辦理匯兌及發行期票、買賣生金銀及各國貨幣、收受各項存款及發放借款、代理收解各種款項等各項業務。同年 11 月，中央銀行開始營業，擬發行各項兌換券計 1 元、5 元、10 元、50 元、100 元 5 種，國民政府隨即下令「著京內外各機關，轉行所屬徵收交通各機關，並布告商民一體知悉。對於此項兌換券須與現金一律行使通用，以重幣政，而利金融」。① 中央銀行的總行設在上海，在南京及各主要城市設立分行。中央銀行最主要的職責是充當國民政府的財務代理人。但是，因經營有方，中央銀行從一開始就穩步前進，取得了公眾的信任，具有成為貨幣改革主力的潛力。

二、限制和取締地方銀行、商業行莊發行紙幣

由於各省市的錢莊票號利用可以通過兌換銀元、銅元和制錢的紙幣的發行進行盈利，而這類紙幣的發行，並沒有經過正規的程序，其發行準備和發行數目情況都無處可查。一旦發行機構出現危機甚至倒閉，必然會危害當地金融體系，從而引發危機。1929 年 1 月 3 日，財政部發布公告，即自布告之日起，取締地方錢莊、商號私發紙幣。對於已經發行紙幣的機構，給予其 1 個月的期限將發行準備和發行數量查清並申報給地方政府，並轉報財政部核定，分期限令其收回。②

1929 年 2 月，江蘇省銀行的發鈔權被撤銷。財政部令所有該行庫存未發及發行後收回的各種鈔券，應先行交繳財政部銷毀，其發行在外流通的鈔券，

---

① 中國人民銀行總行參事室. 中華民國貨幣史資料第二輯（1924—1949）[M]. 上海：上海人民出版社，1991.
② 中國人民銀行總行參事室. 中華民國貨幣史資料第二輯（1924—1949）[M]. 上海：上海人民出版社，1991.

限於 3 個月內收回匯繳。① 同年 8 月，財政部令各華商銀行定印鈔票應報部門核准。1930 年，財政部擬定統一全國幣制計劃：①先將各民營銀行所發紙幣及兌換券限最短期內一律收回。②由省市中央銀行發行鈔票及零洋兌換券，並推行於各縣。③完全以元為單位。④各省中央銀行鈔票無論流通到何省，均全部兌現。⑤銅元一律按十進制，以當十為單位。所有復數銅元，一律收回改鑄，並由各省分期實行。②

1931 年 8 月 1 日，財政部頒布《銀行兌換券發行稅法》，又於 1932 年 10 月 29 日修正並公布，「國民政府特許發行兌換券之銀行，應依本法，完納兌換券發行稅」。此法規定：「兌換券發行稅不分銀圓券輔幣券，一律完納；銀行發行兌換券應具十足保證金，至少以六成為現金準備，餘為保證準備，其現金準備部分免徵發行稅；兌換券發行稅稅率，依實際保證準備數額，定為 1.25%。」③ 這樣一來，各發行銀行發行紙幣數量大大減少，而中央銀行的貨幣發行權力得以鞏固。

三、「廢兩改元」的成功實施

(一) 確定「廢兩改元」的實施機構

早在北洋軍閥政府時期，一些工商、金融團體就開始倡議「廢兩改元」，但由於當時不具備實施條件，「廢兩改元」沒有回應。南京國民政府成立之初，「廢兩改元」問題即被提上議程。1928 年，南京國民政府制定《國幣條例草案》，規定「國幣之鑄發權屬於國民政府」④，即國幣銀元的鑄造權和發行權均屬於南京國民政府。但這兩項權利的真正行使與運作，還需要有專門的機構，即必須迅速籌建中央銀行和中央造幣廠。所以，當浙江省政府於 1928 年 3 月 21 日上呈國民政府「統一國幣應先實行廢兩改元案」時，財政部在 4 月 23 日的「復呈」中指出，「廢兩改元」事關重大，「恐非專恃行政手段所能實施

---

① 中國人民銀行總行參事室. 中華民國貨幣史資料第二輯（1924—1949）[M]. 上海：上海人民出版社，1991.

② 中國人民銀行總行參事室. 中華民國貨幣史資料第二輯（1924—1949）[M]. 上海：上海人民出版社，1991.

③ 中國人民銀行總行參事室. 中華民國貨幣史資料第二輯（1924—1949）[M]. 上海：上海人民出版社，1991.

④ 中國第二歷史檔案館. 中華民國金融法規檔案資料選編（上）[M]. 北京：中國檔案出版社，1989.

無礙」①「須待金融機關完全設備，銀幣流通足敷應用，然後實行」②。

　　1928 年 11 月 1 日，中央銀行在上海成立。據《中央銀行條例》（1928 年 10 月 5 日）規定，中央銀行擁有鑄造及發行國幣的特權。但是，後來真正執行國幣鑄造權的是中央造幣廠。因此，1935 年通過的《中央銀行法》對此進行了修正，只賦予中央銀行國幣發行權。中央銀行的成立與迅速營業，是「廢兩改元」得以成功實施的首要條件。

　　中央造幣廠的前身是上海造幣廠。1920 年，在銀價高漲和銀元缺乏的貨幣危機的推動下和上海金融界的提議下，北京政府同意並開始籌建上海造幣廠。但因經費不足等原因，上海造幣廠的籌建工作一直處於停滯狀態。1927 年，南京國民政府財政部著手恢復重建上海造幣廠。1928 年，上海造幣廠改名為中央造幣廠。同年，為統一幣制，南京國民政府通知其他各省造幣廠一律停鑄。③ 1929 年 4 月 10 日，南京國民政府公布《中央造幣廠組織規程》，規定「中央造幣廠直隸於財政部，掌理國幣之鑄造、銷毀及生金銀之精煉、分析事項」④，即賦予中央造幣廠鑄造國幣的特權。1932 年，中央造幣廠的建造工事次第完竣。1933 年 3 月 1 日，中央造幣廠奉令正式開鑄。⑤ 1933 年 3 月 8 日，南京國民政府公布《銀本位幣鑄造條例》，明確規定「銀本位幣之鑄造，專屬於中央造幣廠」⑥。中央造幣廠設備先進，制度完善，其鑄造的銀本位幣信用優良，故中央造幣廠的成功建廠與順利開鑄，也是「廢兩改元」得以實施成功的重要條件。

　　簡而言之，南京國民政府財政部是「廢兩改元」的策劃機構和直接領導，一切重要的法令均由其制定或頒行；中央銀行是此次貨幣改革的主要執行機構，獨享國幣發行權；中央造幣廠負責鑄造銀幣，具有唯一鑄造國幣的權力。中央銀行向中央造幣廠提供造幣所需的銀類，中央造幣廠將所鑄新幣解送中央銀行發行。

---

① 中國第二歷史檔案館. 國民黨政府「廢兩改元」案 [J]. 歷史檔案，1982，1.
② 中國人民銀行總行參事室. 中華民國貨幣史資料第二輯（1924—1949）[M]. 上海：上海人民出版社，1991.
③ 石濤. 廢兩改元實施經過考論 [J]. 中國錢幣，2009，4.
④ 中國第二歷史檔案館. 中華民國金融法規檔案資料選編（上）[M]. 北京：中國檔案出版社，1989.
⑤ 張偉琴，孔維文. 論廢兩改元 [J]. 中國錢幣，2002，4.
⑥ 中國人民銀行總行參事室. 中華民國貨幣史資料第二輯（1924—1949）[M]. 上海：上海人民出版社，1993.

(二)「廢兩改元」在上海試行效果欠佳

1932 年 7 月，由財政部長宋子文召集的銀錢業代表座談會在上海順利召開，並達成了實行「廢兩改元」的三點共識：①廢除銀兩，採用銀元制度以統一幣制；②仍準使用舊銀元；③法定重量決定後，即開始鑄造新幣。財政部的「廢兩改元」研究委員會隨即成立，專門負責研究並擬訂具體實施辦法。① 1933 年 3 月 2 日，財政部通令：「為準備廢兩，先從上海實施，特規定上海市面通用銀兩與銀本位幣一元，或舊有一元銀幣之合原定重量成色者，以規元七錢一分五厘合銀元一元為一定之換算率，並自本年 3 月 10 日起施行。」② 同年 3 月 7 日，財政部委託中央、中國、交通三銀行組成上海銀元銀兩兌換管理委員會，自同年 3 月 10 日起，按照財政部規定的兌換率，「管理上海市面原有的銀兩與通用的銀元兌換事宜」③。同年 3 月 8 日，上海錢業公會議公布《銀洋並用辦法》；南京國民政府公布《銀本位幣鑄造條例》，該條例規定，「銀本位幣定名曰元，總重 26.697,1 公分，銀八八，銅一二，即含純銀 23.493,448 公分」「銀本位幣 1 元等於 100 分，1 分等於 10 厘」「凡公私款項及一切交易用銀本位幣授受，其用數每次均無限制」「舊有之一元銀幣，合原定重量成色者，在一定期限內，得與銀本位幣同樣行使」④ 等。

1933 年 3 月 10 日，南京國民政府開始在上海試行「廢兩改元」。從這一天開始，上海市的一切交易，一律用銀元計算，不得再用銀兩。但在過渡期內，可以以銀兩兌換銀元，也可以以銀元兌換銀兩。所有公私款項、債權債務、各種稅收及一切交易，雖不一定以銀元收付，但必須按決定換算率折算為銀元計算。⑤ 南京國民政府原計劃於同年 7 月 1 日在全國範圍內實行「廢兩改元」，但是，上海「廢兩改元」的試行情況遠遠沒有達到政府當局的預期效果。國民政府原本以為在上海試行「廢兩改元」期間，上海的銀元需求會與日俱增，而持銀兩向委員會兌換銀元者，理應較多。但是，實際情況卻恰恰相反，以銀元兌換銀兩者，反而較多。1933 年，上海銀元銀兩兌換管理委員會自 3 月 10 日至 4 月 5 日，共兌換銀元 2,031,158.03 元，兌入銀元

---

① 陳新餘.「廢兩改元」：近代化的轉型及作用 [J]. 常州工學院學報，2007，5.

② 中國人民銀行總行參事室. 中華民國貨幣史資料第二輯（1924—1949）[M]. 上海：上海人民出版社，1993.

③ 中國第二歷史檔案館. 中華民國史檔案資料匯編第五輯 [M]. 南京：江蘇古籍出版社，1991.

④ 中國人民銀行總行參事室. 中華民國貨幣史資料第二輯（1924—1949）[M]. 上海：上海人民出版社，1991.

⑤ 石濤. 廢兩改元實施經過考論 [J]. 中國錢幣，2009，4.

63,449,030.99元，淨兌入銀元61,417,872.96元。① 面對「自兩元並交實行以來」「以定價較高」「無罰則之規定」「廠條未出」「一部分金融業仍不免抱觀望態度，爭以銀元兌換銀兩」「廢兩改元成廢洋改兩之局」② 的形勢，南京國民政府果斷做出提前在全國範圍內推行「廢兩改元」的決定。

(三)「廢兩改元」在全國範圍內成功實施

1933年4月5日，財政部發布公告，自1933年4月6日起，在全國範圍內推行「廢兩改元」，「所有公私款項之收付與訂立契約、票據及一切交易，須一律改用銀幣，不得再用銀兩。其在是日（1933年4月6日）以前原訂以銀兩為收付者，在上海應以規元銀七錢一分五厘折合銀幣一元為標準，概以銀幣收付。如在上海以外各地方，應按四月五日申匯行市先行折合規元，再以規元七錢一分五厘折合銀幣一元為標準，概以銀幣收付。其在是日（1933年4月6日）以後新立契約票據與公私款項之收付及一切交易而仍用銀兩者在法律上無效。至持有銀兩者，得依照銀本位鑄造條例之規定，請求中央造幣廠代鑄銀幣，或送交就地中央、中國、交通三銀行兌換銀幣行使，以資便利」③。

「廢兩改元」在全國範圍內推行之初，擺在南京國民政府面前的首要問題是增加銀幣發行量，並做好將所有銀兩都換成銀元的準備工作。據日本正金銀行1933年4月18日的調查結果顯示，當時上海的銀兩總額為1.5億兩左右，其中外商銀行保存的銀兩達1.1億兩；而當時上海的銀元總額是2.4億元左右，其中外商銀行的銀元庫存額只有0.4億元，華商銀行的銀元庫存量為2億元。④ 而當時中國鑄造銀幣的數量相當有限，1933年3至6月，中央造幣廠每日所鑄銀幣僅數萬元，其數量實在太少。⑤ 於是外國在華銀行質疑中國方面，即若外商銀行所存銀兩，能否在需要時隨時兌換為銀元。在此情況下，雖然外商銀行的外匯牌價，自同年4月10日開始，仿效上海，由兩單位改為銀元單位。同時，一般商人在外商銀行簽訂的匯兌合同，也從同年4月10日起改為銀元單位。但是，「外商銀行則待中國方面能夠保證做到，將銀兩兌換為銀元時為止，1933年4月18日前後仍未徹底『廢兩改元』（還保留著兩種清算形

---

① 陳新餘.「廢兩改元」：近代化的轉型及作用 [J]. 常州工學院學報, 2007, 5.
② 中國人民銀行總行參事室. 中華民國貨幣史資料第二輯（1924—1949）[M]. 上海：上海人民出版社, 1991.
③ 中國人民銀行總行參事室. 中華民國貨幣史資料第二輯（1924—1949）[M]. 上海：上海人民出版社, 1991.
④ 中國人民銀行總行參事室. 中華民國貨幣史資料第二輯（1924—1949）[M]. 上海：上海人民出版社, 1991.
⑤ 石濤. 廢兩改元實施經過考論 [J]. 中國錢幣, 2009, 4.

式的存款、放款以及匯兌業務等），採取觀望的態度」①。再加上「廢兩改元」開始在全國範圍內實施之後，各地兌換機關未能迅速成立，如漢口「遵令用元業已六日，惟兌換機關尚未成立，市面銀兩滯積，窒礙甚多」②。天津中央、中國、交通三銀行組織的銀兩兌換銀元委員會於 1933 年 5 月 8 日才成立。由此可見，「廢兩改元」在全國範圍內實行初期，因造幣數量有限影響了銀兩兌換銀元的速度，效果欠佳。1933 年 6 月，「田賦為地方收入之宗，現仍多按兩、石折合計算」③。1933 年 10 月，上海銀爐公會在致上海銀行公會的函中稱，上海「銀錢兩業現銀積存，流通阻滯，實足以影響金融」④。

　　為改變這一僵局，盡快滿足兌換的需要，中央造幣廠採取了一系列措施，增加銀幣鑄造量。1933 年 6 月底，中央造幣廠每日鑄銀元數已達 20 萬元以上。⑤ 1934 年，中央造幣廠每月鑄造銀元數量已達七八百萬元。⑥ 另外，為應付大額收解之需要，1933 年 8 月 24 日，中央造幣廠正式奉令開鑄九九九廠條。「初因開鑄伊始，銀錢界尚未普遍委託代鑄，經廠方先後向銀錢業分頭接洽，各銀行錢莊送請鑄造廠條者，始日形踴躍」⑦。但是，當時中國「可供鑄造之銀類，成色至為複雜。煉鑄九九九廠條，費時費工，鑄數尚不能充分增多，而市面情形，又需要廠條頗切」⑧。又中央造幣廠缺乏鑄造九九九廠條需要精煉的設備，精煉廠一時無法設立。所以，中央造幣廠審查委員會向財政部提議鑄造八八零千元廠條，以適應社會需要。1933 年 9 月，行政院通過該建議，並將八八零廠條定為乙種廠條。1933 年 10 月 21 日，行政院將《銀本位幣鑄造條例》第十二條修正為：「中央造幣廠得鑄廠條，分為甲乙兩種。甲種重 23,493.448 公分，成色為 999‰。乙種重量 26,697.1 公分，銀八八〇，銅一二

---

　　① 中國人民銀行總行參事室. 中華民國貨幣史資料第二輯（1924—1949）[M]. 上海：上海人民出版社，1991.
　　② 中國第二歷史檔案館. 中華民國史檔案資料匯編第五輯 [M]. 南京：江蘇古籍出版社，1991.
　　③ 中國人民銀行總行參事室. 中華民國貨幣史資料第二輯（1924—1949）[M]. 上海：上海人民出版社，1991.
　　④ 何品. 上海銀行公會往來函電選：廢兩改元（二）[J]. 檔案與史學，2002，4.
　　⑤ 中國人民銀行總行參事室. 中華民國貨幣史資料第二輯（1924—1949）[M]. 上海：上海人民出版社，1993.
　　⑥ 石濤. 廢兩改元實施經過考論 [J]. 中國錢幣，2009，4.
　　⑦ 佚名. 中央造幣廠鑄造廠條 [J]. 中央銀行月報，1933（2），11.
　　⑧ 中國第二歷史檔案館. 中華民國史檔案資料匯編第五輯 [M]. 南京：江蘇古籍出版社，1991.

〇，合銀本位幣 1,000 元，均於其面標記之。」①1933 年 11 月，中央造幣廠正式開鑄乙種廠條，甲乙兩種廠條相輔而行。12 月 23 日，財政部長孔祥熙訓令中央造幣廠：為適應市面之需要，定於 1934 年 1 月 1 日正式發行甲、乙兩種廠條。「惟乙種廠條，原為便利銀錢業同業間收解之用，不適用於私人之收受，以示限制」②。1934 年 1 月 1 日以後，中國貨幣市場「於銀本位幣之外，復以兩種廠條，金融之週轉，益臻靈活」③。自 1933 年 3 月至 1935 年 6 月，中央造幣廠共鑄銀幣 132,586,398 銀元，共鑄甲種廠條 3,621 條，總價值 3,621,000 銀元，共鑄乙種廠條 51,740 條，總價值 51,740,000 銀元。④ 中央造幣廠嚴格遵守法定標準，所鑄銀幣成色重量準確劃一，深受中外商民信任，為「廢兩改元」的順利實施提供了基本保障。

與此同時，中央銀行在「廢兩改元」的實施過程中，承擔了主要的兌換任務。「廢兩改元」正式在全國範圍內實施後，擁有大量庫存白銀的中外銀錢業，並沒有迅速將白銀交出兌換銀元。在上海金融市場上，寶銀雖然已經不能流通，但銀錢業仍多以此為庫存準備金。財政部「雖曾一再明令廢兩，但各方面仍有沿習舊制，未全廢除。其根本原因在於庫存現銀尚未變更，實與改革幣制大有阻礙」。因此，「財政部為徹底廢除銀兩計，非將此項存庫寶銀改鑄本位銀幣不可」⑤。1933 年 10 月 26 日，財政部致函中央銀行，並請其轉函上海中外銀錢業行莊，限其一個月內將所存寶銀數目報告中央銀行，再由中央銀行匯齊轉報財政部登記，財政部派員查驗明確後，準其按七五折向中央銀行兌取本位銀幣。1933 年 12 月 14 日，中央銀行將此令函告上海華商銀錢業兩公會及洋商銀行公會，請其轉告在會銀行並「自函到後一個月內將所存寶銀數目函報本行，以便匯轉財政部」。1933 年 12 月 19 日，中央銀行再次致函銀錢業公會，要求其將 1933 年 4 月 6 日及 12 月 15 日所存寶銀數目「分別函報本行，以憑匯轉」⑥。1933 年 12 月 19 日，財政部亦訓令上海銀錢兩業，「限於一個月

---

① 中國人民銀行總行參事室. 中華民國貨幣史資料第二輯（1924—1949）[M]. 上海：上海人民出版社，1991.
② 中國第二歷史檔案館. 中華民國史檔案資料匯編第五輯 [M]. 南京：江蘇古籍出版社，1991.
③ 中國第二歷史檔案館. 中華民國史檔案資料匯編第五輯 [M]. 南京：江蘇古籍出版社，1991.
④ 中國人民銀行總行參事室. 中華民國貨幣史資料，第二輯（1924—1949）[M]. 上海：上海人民出版社，1991.
⑤ 佚名. 財政部令上海銀錢業限期交納寶銀 [J]. 銀行周報，1933（17），50.
⑥ 石濤. 廢兩改元實施經過考論 [J]. 中國錢幣，2009（4）.

内，將所有存庫寶銀，繳納中央銀行，依照規定換算率，兌取銀元，期滿以後，不得再用寶銀做準備金之用。中央造幣廠已另行鼓鑄一種千元銀條，每銀元一千，換兌一條，可作為各行莊準備金之用」。① 財政部的這一規定無異於釜底抽薪，由於白銀再也不能作為準備金，銀錢業不得不將白銀兌換成銀元。銀錢業公會也迅速將各自會員庫存寶銀數量函報中央銀行。截至 1933 年 12 月 15 日，上海各中外行莊庫存寶銀匯總金額共計 146,218,801.16 兩。② 1934 年 3 月 15 日，中央銀行開始第一次在上海登記兌換寶銀，此後每月 15 日兌換一次，每月兌換數目以中央造幣廠 1 月之內的鑄幣總數，按登記成數比例分攤。1934 年 3 月至 1935 年 10 月，中央銀行進行兌換共計 18 次。其中，1934 年 7 月間，中央造幣廠修理機器，停止鑄幣 1 個月，8 月相應暫停兌換一次。1935 年七八月合併兌換一次。③

總之，在南京國民政府財政部、中央銀行和中央造幣廠的緊密合作下，「廢兩改元」得以在全國範圍內順利實施。到 1933 年年底，中國金融市場呈現相對穩定的態勢，「廢兩改元」遂告成功。

事實上，近代中國大宗國內貿易、所有進出口貿易和國內外匯兌使用銀兩，日常對內小額收付、零星買賣使用制錢、銅元、銀元、銀角等之間的換算繁瑣，加之各地貨幣和度量衡不統一，銀兩、銀元形制各異，造成國內外貿易往來極為不便，嚴重束縛了近代中國的經濟發展。民間「廢兩改元」的呼聲由來已久，但直至南京國民政府成立以後，1932 年中國貨幣危機進一步惡化之時，南京國民政府才於 1933 年下定決心實行「廢兩改元」，統一全國貨幣流通，以新鑄銀元逐步取代銀兩和舊銀元。自 1933 年 3 月 10 日起，「廢兩改元」首先在上海試行。1933 年 4 月 6 日以後，南京國民政府正式在全國範圍內推行「廢兩改元」，並在財政部、中央銀行和中央造幣廠的緊密合作下，最後取得成功。

「廢兩改元」是中國幣制史上的一次具有進步意義的貨幣改革，它結束了中國長久以來的傳統的稱量貨幣制度的歷史，確立了新的更加完善的銀本位制度。「廢兩改元」的成功實施，有力地推動了中國傳統金融體系向現代轉型。從此以後，新興銀行業逐步取代舊式銀錢業，日益發展成為中國最主要的金融

---

① 中國人民銀行總行參事室. 中華民國貨幣史資料第二輯（1924—1949）[M]. 上海：上海人民出版社，1993.
② 中國人民銀行總行參事室. 中華民國貨幣史資料第二輯（1924—1949）[M]. 上海：上海人民出版社，1991.
③ 石濤. 廢兩改元實施經過考論 [J]. 中國錢幣，2009，4.

事業。南京國民政府通過成功推行「廢兩改元」，初步整頓了國內混亂不堪的貨幣流通秩序，擴大了銀元的流通範圍，「完成了對於幣制的一次真正而有用的簡化工作」①，從而為其後取得法幣改革的成功奠定了良好的基礎。

第二節　金融危機發生後國民政府的金融措施

　　美國白銀政策是中國金融危機爆發的推手，而在金融危機爆發前，中國政府對美國白銀政策的態度比較矛盾。中國政府官員明白世界銀價上升會對中國造成不良影響，但是由於日本的侵略，政府面臨巨大壓力，所以想通過外交取得美國的支持，所以政府和民間對於美國白銀政策的出抬的態度有很大出入。

　　宋子文代表中國出席世界經濟會議，原本反對提高銀價，提倡穩定銀價，但是在會議中他卻明確表態願意配合美國白銀派參議院畢德門關於提高世界銀價的主張。其做法表明了其親美的態度，目的是為了取得美國經濟或政治上的支持來抵禦日本的侵略。②

　　孔祥熙在白銀協定上簽字前，曾致電美國，要求其考慮中國的實際情況，控制銀價的漲跌幅度，不宜過大。1933年10月，宋子文辭職後，孔祥熙重申南京政府支持美國穩定白銀價格，並希望美國在改變銀價時通知中國。③

　　直到1934年8月，上海已經陷入經濟危機，國民政府對於美國白銀政策的態度開始轉變，積極應對美白銀政策給中國帶來的問題。

一、控制白銀外流

（一）徵收出口稅和平衡稅

　　1934年7月，美國實行高價收購白銀後，世界市場銀價隨即高漲，在華外國銀行紛紛出口銷售白銀，到當年10月中旬，此項外運白銀已達2億元。④巨額白銀外流，造成市場支付籌碼匱乏、金融枯竭、百業凋敝、物價日益低落，嚴重損害了金融穩定，影響了國計民生的大局。當年10月間，全國商會

---

①　阿瑟・恩・楊格. 1927—1937年中國財政經濟情況[M]. 陳澤憲，譯. 中國社會科學出版社，1981.
②　邁克爾・羅素. 院外集團與美國東亞政策[M]. 鄭會欣，譯. 上海：復旦大學出版社，1993.
③　邁克爾・羅素. 院外集團與美國東亞政策[M]. 鄭會欣，譯. 上海：復旦大學出版社，1993.
④　洪葭管. 中央銀行史料[M]. 北京：中國金融出版社，2005.

聯合會、上海市商會、上海市銀行公會、上海市錢業公會聯名簽呈財政部長孔祥熙，呼籲政府重視此種危險景象，要求設法防止白銀外流。當年 10 月 15 日，財政部呈報行政院，決定徵收白銀出口稅和平衡稅。出口稅稅率為：銀本位幣及中央造幣廠廠條，徵出口稅 10%，減去鑄費 2.25%，淨徵 7.75%；大條寶銀及其銀類，加徵出口稅 7.75%，加上原定 2.25%，合計為 10%。① 同時加徵平衡稅，按倫敦世界白銀市場的白銀折合上海匯兌之比價，與上海中央銀行當日照市場價核定的匯價的相差之數，除繳納上述出口稅而仍有不足時，應按其不足之數，並行加徵平衡稅。

而大批運銀出口的多數是外商銀行。如 1934 年 8 月 18 日，上海大晚報記載：「此次所運大批現銀，在海關方面報關出面者，均為洋商銀行，計有匯豐、麥加利、大英、大通、有利、華比、中法、工商、德華、東方匯理、正金、臺灣、運通、安達等銀行。」8 月份運出白銀最多，而擔任輸出使命的，又都是外商銀行。而白銀出口稅的徵收，必然損害了外商銀行的利益，外商銀行開始提出抗議，理由是禁銀出口無異於破壞進口貿易。政府當局為了迎合外商的要求，並維持貿易，使關稅收入不至短絀，就將平衡稅率降低，因此運銀出口還有利可圖，在此情況下，白銀徵稅的手段只是使得白銀外流稍稍減少罷了。

這個政策以取消出口白銀帶來的利潤的方法來達到阻止白銀外流的目的。自從它實施後，公開的出口雖減少了，但私運白銀出口仍然存在。

相反，由於白銀在中國國內外的差價更大了，私運白銀出口量不斷增加。私運的主要方式是將白銀運往內地，其目的地主要是大連和香港，再由港口偷運出國外。在中國，走私很難禁止。因為，政府手中的現金僅為現金總數的 5%以下，估計有大約 230,000 萬元。私人很容易在政府不知情的情況下將白銀運送出境。另一方面，中國警察的權利不能觸及外國特權。所以這個方法並沒有起到有效遏制白銀流出的作用。

(二) 控制外匯的嘗試

在美國實行白銀購買政策之後不久，中國政府於 1934 年 9 月 8 日宣布控制外匯。法令包含以下內容：

「所有外匯交易禁止在個人間進行，以下條件除外：①合法企業的需要；②1934 年 9 月 8 日前使用外匯的典押；③旅行者的開銷」。②

---

① 洪葭管. 中央銀行史料 [M]. 北京：中國金融出版社，2005.
② 梅遠謀. 中國的貨幣危機 [M]. 成都：西南財經大學出版社，1994.

这个法令明显地禁止在白银交易中进行投机，不幸的是，银行家和商人认为控制外汇是白银禁运的信号，反而加快了白银的出口。

1934年10月13日，中国政府向美国提出了一个请求，希望对关系到两国利益的白银问题达成一个明智的协议。而美国政府借口白银法令已由国会通过并已经生效，不愿进行任何修改。

因而，控制外汇的尝试，由于库存不足，完全没有结果；后来，中国政府成立了外汇委员会，拥有100万元的库存，但并没有存在多久。

（三）鼓励白银进口

面对源于银行库存资金的急遽减少，在实行新的白银出口税和平衡税之后，财政部为了鼓励白银进口，于1935年2月19日颁布了一条法令，其主要内容如下：

（1）海关交给纯白银进口者或本国银币进口者入关收据，在上面注明入关日期和总额。进口商可以到财政部以此收据换取再出口时的出口免税证书。

（2）在重新出口相同数量的白银时，这个证书的持有者只付2.25%的铸造费用，而出口税和平衡税都可免去。

（3）每次进口总额不能低于500,000盎司；如果涉及国币，必须按它所含纯银重量计数。①

（四）为禁止白银走私出口规定种种办法

为禁止白银走私出口，财政部又于1934年12月1日命令各地银钱业同业公会及商会，共同协助监视私运白银出口。「如果查有偷运银货出口，或唆使偷运者，应即密报附近海关，其无海关地方，并准密报当地官署，先行扣留，呈由本部核明，悉数充公，并照偷运银数加倍处罚。其有商民据情密告，因而缉获者，并准由罚款项下提出四成给作奖金，以资鼓励。原举发人姓名，由部代守秘密。各该法团与金融关系密切，务须切实协助，以收上下相维之效」。②

1934年12月9日，财政部公布《缉获私运白银出口奖励办法》，进一步明确禁止白银走私出口。但是，由于中国地域广阔，国情复杂，再加上外商势力从中作梗，防止走私相当困难。据日本东京《日日新闻》报导，1935年9月，日本输出白银计29,703,000日元，比1934年同期的1,350,000日元增加10余倍。1935年1月至9月，由上海走私出口至日本的白银约达144,155,000日元。而日本年产白银仅10,000,000日元左右，故由日本出口之白银主要是

---

① 梅远谋. 中国的货币危机 [M]. 成都：西南财经大学出版社，1994.
② 中国人民银行总行参事室. 中华民国货币史资料第二辑（1924—1949）[M]. 上海：上海人民出版社，1991.

中國向日本走私的白銀。①

（五）定立「君子協定」

1935 年 4 月，美國政府又把國內白銀收購價格提高到每盎司 0.711 美元，②倫敦市場價升至每盎司 0.81 美元時，按照當時匯率，從上海運銀出口，繳了出口稅和平衡稅之後還有一定的利潤。為防止白銀外流的高峰再度出現，由新上任中國銀行董事長、曾任財政部部長的宋子文出面，邀請在滬的英、美、日、法、意、荷、德等國銀行代表舉行臨時會議，要求這些銀行協助，暫停裝運白銀出口。這些都是外商銀行公會的主要成員，他們同意了，外商銀行就可以採取一致行動。會上商定兩條：①贊助中國政府的健全通貨政策，自動暫停裝銀出口；②如有往來銀行欲實行裝銀出口時，各銀行當勸阻之。③因為這一協定並沒有法律效力，所以不具備強制力，並不意味著外國銀行放棄或限制使用治外法權，只不過是外國銀行自動遵守，故稱之為「君子協定」。當美國政府又於 1935 年 4 月 24 日進一步提高銀價時，上海銀價再次上漲。中國中央銀行為防止白銀外流，急忙出售外匯。但外商銀行則不予以合作。因此，儘管中國政府與外商銀行簽訂了「君子協定」，但中國政府所期待的效果並沒有出現。

二、應對通貨緊縮

（一）發行財政復興公債

1935 年 3 月，中國國民黨中央執行委員會政治會議連續 3 次討論發行金融公債④和實行中央銀行改組問題。按照財政部提議，發行金融公債 1 億元的用途有 3 項：①撥還財政部欠中央銀行的墊款（4,000 萬元）；②充實中央銀行、中國銀行、交通銀行的資本力量（中央銀行增資 3,000 萬元；中國銀行增資 2,500 萬元，後改為 2,000 萬元；交通銀行增資 1,000 萬元）；③便利救濟市面及工商業。⑤

財政部部長孔祥熙提議發行金融公債 1 億元的理由的原文是：「……竊自

---

① 中國人民銀行總行參事室. 中華民國貨幣史資料第二輯（1924—1949）[M]. 上海：上海人民出版社，1991.
② 中國人民銀行總行參事室. 中華民國貨幣史資料第二輯（1924—1949）[M]. 上海：上海人民出版社，1993.
③ 中國人民銀行總行參事室. 中華民國貨幣史資料第二輯（1924—1949）[M]. 上海：上海人民出版社，1993.
④ 洪葭管. 中央銀行史料 [M]. 北京：中國金融出版社，2005.
⑤ 佚名. 財政部提議發行金融公債緣由 [J]. 銀行周報，1935（19），12.

世界經濟恐慌，綿亙數年，狂流披靡，中國莫不能例外，物價跌落，百業衰頹，去歲復受美國銀價影響，過內存銀，巨量流出，並令金融枯竭，市面週轉維艱，大有岌岌不可終日之勢」。①

據《銀行周報》第19卷第12期記載，金融公債於1935年4月1日「正式發行」，實際上這1億元的金融公債並沒有在交易所上市出售，怕影響原有債券市價，而是由財政部命令中華書局趕印預約券，並分別送至中央銀行、中國銀行和交通銀行。

根據這個分配方案，增加了3個銀行的資本，「救濟」了工商業，實際上是實施了金融壟斷，由政府對金融業進行控制，為今後進行金融改革奠定了基礎。宋子文在1935年中國銀行年報中說：「處此危機之際，政府乃於二十四年三月末，增加中交兩行官股，稗使中央、中國、交通互相關聯，趨於一致，以期易收統制之效，結果頗著成績。」② 然而，這個方法用來應對金融危機，也是不足的。中國的貨幣由純銀鑄成，白銀的價值在國內低於國外。如不能消除這個差異或切斷貨幣與白銀的聯繫，10,000萬元僅僅是擴大了這三家銀行鈔票的發行，這增加了大眾對使用貨幣的不信任感。

(二) 對地方銀行及工商企業的小額貸款

據《錢業月報》第15卷第7號記載，1934年，為了解決例行年終的清算困難問題，財政部於7月17日頒布《上海市工商業貸款細則》，規定給予工業及商業抵押放款1,500萬元，信用放款500萬元。財政部撥發國庫憑證2,000萬元作為工商業放款的第二保證，以工商業各個廠的抵押作為第一保證，由中中交三行（中國人民銀行、中國銀行、交通銀行）、銀錢兩業公會、市商會組成專門委員會主持工商救濟放款審查事宜。此2,000萬元款項，於8月1日開始實行貸放。

財政部對救濟銀錢業的具體方法如下：①以財政部金融公債2,500萬元作為各錢莊向銀行借款的第二重擔保，由錢業監理委員會負責貸款發放事宜。②但凡想要借款的錢莊，首先須將押品如道契、公債、貨物交於錢業準備庫，由錢業準備庫送交錢業監理委員會審查，合格後即可向中中交等銀行所組成的放款委員會抵借現款，以財政部所撥公債為第二擔保，錢庫的押品為第一擔保，其折扣為：道契照工部局估價9折，公債完全照市價，貨物照市價8折。③中國交通銀行等銀行所組成的放款委員會，總額為2,500萬元。除由錢業準備庫

---

① 洪葭管. 中央銀行史料 [M]. 北京：中國金融出版社，2005.
② 宋子文. 中國銀行二十四年度營業報告書 [J]. 銀行周報，1936.

负责300萬元，由暨中南、金城、鹽業、大陸、國貨、國華、上海、浙江興業、浙江實業等各負責50萬元外，其餘由中央、中國、交通三銀行擔任。所借款項，須按年息8厘計算。④各借款錢莊須每7日將資產負債情況報監理會，以便隨時審核。後來，在錢業的爭取之下，第四條改為：各借債錢莊須每月將資產負債情形造報監理會。我們知道，股東無限責任制是錢業最為重要的特點，錢業營業也多保守秘密，其中資產負債情況鮮為社會所知。但是自此以後，錢業在政府和借款銀行團的監督之下猶為透明。

通過以上闡述可以看出，國民政府是通過間接的方式來實現對於工商業及錢業的救濟，即以撥發公債的方式對中央、中國、交通三大銀行加以統制，同時以政府債券替工商業和錢業做擔保，讓銀行發放貸款救濟工商業，從而緩解恐慌。與此同時，政府還通過立法等各種手段加強對於銀行錢莊的監督，加強對於金融業的管理。

三、加強對銀行、錢莊的管理與監督

逐步收回貨幣發行權。紙幣的發行是銀行吸收社會資金的一種方法，但是因白銀大量外流，紙幣的發行需要白銀作為其發行準備，由於銀根緊縮，大量發行紙幣會對銀行的安全造成威脅。在美國實施白銀政策之後，張嘉璈看到了這一點，他非常擔憂國內流通的紙幣，他認為：「美國提高銀價，人民視藏銀有利可圖。若此心理逐漸普遍，勢必舍紙而藏銀元。其結果將使銀行紙幣回籠，發行紙幣銀行之現金準備，逐步降低。首先受到打擊者，將為商業銀行所發行之紙幣，最後亦必將波及中央、中國、交通三行。」① 因此，為了保護銀行乃至整個經濟的穩定，國民政府於1935年開始逐步取消一般商業銀行的紙幣發行權。同時，財政部對於各發鈔銀行密切監督，並派出專員進駐銀行進行監視，及時將銀行的營業情況反饋給財政部。

1935年3月，由國民政府公布實行「設立省銀行或地方銀行及領用或發行兌換券暫行辦法」，限制省銀行的紙幣發行。規定省地方銀行不得發行1元或1元以上兌換券，但為增加省地方銀行籌碼，以便調劑農村金融，呈請財政部核准後可發行1元以下各種輔幣券。②

對銀行、錢莊加強監督。由於大批銀行、錢莊倒閉，會引起大眾的恐慌，導致社會動亂，政府便嚴格取締錢莊借此停業，並要求追究股東的無限責任。

---

① 吳景平. 上海金融業與國民政府關係研究（1927—1937）[M]. 上海：上海財經大學出版社，2002.

② 郭榮生. 中國省銀行史略 [M]. 臺北：文海出版社，1975.

而已停業的銀行和錢莊，則被勒令限期進行整理，政府還派出專員進行監督。

1935年6月6日，財政部公布銀行、錢莊的監督清理辦法如下：①停業銀行、錢莊，除經法院宣告清理者外，均由本部指派專員，會同該同業公會清理。其經法院宣告清理的銀行、錢莊，也應招派專員，調查、清理情形，隨時報部備查。②清理期限，自停業之日起，以3個月為限，如果沒有正當特殊事由，不得呈請延長。但在本辦法令行以前停業者，自本辦法令行之日起算。③清理期內，如查有經理人或董事、監察人有違法舞弊的事，即應看管，依法懲辦。④資產折實後，存欠不能十足相抵時，股份有限公司組織的銀行，應即依法申請宣告破產。其餘銀行或兼營儲蓄的股份有限公司組織的銀行或錢莊，應依法追究經理人、董事、監察人及股東等以連帶無限責任，限期清理。⑤清理時期，經理人、董事、監察人及無限責任股東人等，不得離去其住居地。如有意圖逃亡或匿隱毀棄財產的行為時，得加以看管。其已逃亡者，並得由本部所派專員呈請通緝。⑥專員監督清理一切手續，得準照商人債務清理暫行條例辦理。① 1935年7月17日，頒布《破產法》，對於債權人的利益給予保護。

此外，政府還對銀行的註冊加強管理，規定未註冊的銀行盡快進行註冊。並公布已經註冊的銀行的名單，要求各級政府核查對照，並取締期限內拒不註冊的銀行。中央銀行還在各銀行設立監理官，由中央銀行經濟研究室的工作人員兼任。

四、尋求英美幫助的種種努力

國民政府通過國內的貨幣和財政政策來應對國內金融危機，除此之外，國民政府還向國外請求援助，來緩解國內危機。對於美國而言，其白銀政策讓中國陷入了困境，如若幫助中國擺脫困境，美國也能從其經濟復甦中獲得利益。而英國也想恢復其以往在中國的特權和利益，於是對於中國的求助表示支持。但日本對於中國的侵略，暴露出了其獨占中國的野心。按照中國當時的國情來看，如不能盡快從金融危機中恢復元氣，中國將面臨的不僅僅是金融崩潰、經濟衰退，而且主權也可能受到威脅。所以，中國在無奈之下，向英、美兩國求助，希望其能幫助中國擺脫金融危機。

當時，南京政府除了以向美國售銀換取外匯來緩解國內困境外，還制定了向美國借款的計劃，並且希望進行貨幣改革之時，美國能夠幫助中國結束銀本

---

① 中國第二歷史檔案館，中國人民銀行江蘇分行，江蘇省金融志編纂委員會. 中華民國金融法規檔案資料選編 [M]. 北京：檔案出版社，1989.

位制，並將新發行的貨幣與美元相聯繫，避免即將到來的危機，其次將結餘的一部分存銀用來滿足美國的需要。但美國出於政治利益，更希望維持現有的中國和日本的平衡關係，拒絕了中國的請求。①

國民政府看到求助美國無望，轉而投向英國。中國日益嚴重的經濟危機也嚴重影響英國在華利益，國民政府請求英國給予中國經濟援助，幫助中國解決經濟危機。英國政府一開始持積極態度，並於 1935 年 9 月，派英國首席經濟學者李滋洛斯作為援華代表，幫助國民政府解決幣制危機和經濟困境，這才有了以後的法幣改革。但是英國並沒有給予任何實質上的經濟援助，過去曾經承諾的 2,000 萬英鎊的貸款也沒有到位。② 這是由於英國一方面自身也剛剛擺脫經濟危機，正在恢復之中；另一方面，英國不願因為中國問題破壞自身與美國及日本的關係。因此，英國對於借款的援助一直持猶豫和觀望態度。至此，國民政府也失去了獲取國外援助的希望。

五、法幣改革政策的出抬

1935 年 11 月 4 日，以財政部名義布告的幣制改革的內容共 6 條，如下：

（1）自本年 11 月 4 日起，以中央銀行、中國銀行、交通銀行所發行的鈔票為法幣，所有完糧、納稅及一切公私款項的收付，概以法幣為限，不得行使現金，違者全數沒收，以防白銀之偷漏。如有故存隱匿，意圖偷漏者，應準照危害民國緊急治罪法處治。

（2）中央銀行、中國銀行、交通銀行以外，曾經財政部核准發行之銀行鈔票，現在流通者，準其照常行使，其發行額以截至 11 月 3 日的流通總額為限，不得增發，由財政部酌定其限期，逐漸以中央鈔票換回，並將流通總額之法定準備金，連同已印未發之新鈔及已發收回之舊鈔，悉數交由發行準備管理委員會保管。其核准印製中之新鈔，並俟印就時一併照交保管。

（3）法幣準備金之保管及其發行收換事宜，設發行準備管理委員會，以昭確實而固信用，其委員會章程另案公布。

（4）凡銀、錢行號、商店及其他公私機關或個人，持有銀本位幣或其他銀幣、生銀等銀類者，應自 11 月 4 日起，交由發行準備委員會或其指定之銀行兌換法幣。除銀本位幣按照面額兌換法幣外，其餘銀類各依其實含純銀數量兌換。

---

① 中國人民銀行總行參事室. 中華民國貨幣史資料：1924—1949 第二輯 [M]. 上海：上海人民出版社，1991.
② 阿瑟·恩·楊格. 1927—1937 年中國財政經濟情況 [M]. 陳澤憲，譯. 北京：中國社會科學出版社，1981.

（5）舊有以銀幣單位訂立之契約，應各照原定數，於到期日概以法幣結算收付之。

（6）為使法幣對外匯價按照目前價格穩定起見，應由中央銀行、中國銀行、交通銀行無限制買賣外匯。[1]

1935年11月4日，財政部長孔祥熙發表宣言，進一步對中央銀行的改革方向做了重要的補充，即中國貨幣發行權很快將最後結果統一於中央銀行，即「現為國有的中央銀行，將來應行改組為中央準備銀行，其主要資本，應由各銀行及公眾供給，成為超然機關，而克以全力保持全國貨幣的穩定。中央準備銀行，應保管各銀行的準備金，經理國庫，並收存一切公共資金，且供給各銀行以再貼現之便利。中央準備銀行並不經營普通商業銀行之業務，惟於二年後享有發行專權。」[2] 為確保法幣改革順利進行，南京國民政府又進一步頒布了《兌換法幣辦法》（1935年11月15日）、《銀製品用銀管理規則》（1935年11月15日）、《兌換法幣收集現金辦法》（1935年12月3日）、《收兌雜幣雜銀簡則》（1935年12月9日）、《生金銀折合國幣辦法》（1936年1月）等一系列法令。1936年2月，又增加了中國農民銀行發行的紙幣與法幣同時使用。[3]

數百年來，中國人民習慣使用白銀，而法幣改革後，開始只使用紙幣，不再使用銀元，這是劃時代的大變革。軍閥割據的幾個省份與南京中央政權的矛盾由來已久，發行法幣損害了他們的固有利益，因而抵觸情緒很大。廣東、廣西和陝西首先發難。廣東省當局由省立銀行和市立銀行大量收購白銀，幾個月內收購的白銀數量達5,000餘萬元；[4] 還頒布《廣東省禁金出口暫行辦法》，同時自行收購金葉、金條；名曰施行法幣，卻以省、市銀行發行的毫券為法幣，而非以中央銀行、中國銀行、交通銀行發行的鈔票為法幣。毫券數量不加限制，其濫發的結果必然是信用大落。第二年難以收場，不得不請求中央政府救濟。廣西省當局頒布《管理貨幣辦法》，禁止現銀出口，省內用廣西銀行發行的鈔票和省金庫所發行的庫券，直到1936年11月才改用法幣為本位幣，原發行的毫券為輔幣，與法幣的折合比例為1.6∶1。華北地方政府更以情況特殊為借口，由天津修械所擅自鑄造輔幣，在幣面上蓋「天津」字樣，數額亦

---

① 中國第二歷史檔案館，中國人民銀行江蘇省分行，江蘇金融志編委會. 中華民國金融法規選編 [M]. 北京：中國檔案出版社，1989.

② 中國人民銀行總行參事室. 中華民國貨幣史資料第二輯（1924—1949）[M]. 上海：上海人民出版社，1991.

③ 賀水金. 論國民政府的法幣政策 [J]. 檔案與史學，1999（6）.

④ 中國人民銀行總行參事室. 中華民國貨幣史資料第二輯（1924—1949）[M]. 上海：上海人民出版社，1991.

達 30 萬元，① 交由河北省銀行結合業務發行，後經財政部致電華北政務委員會勸阻，才告停止。陝西省當局則拒絕移交發行準備金，並要求省銀行所發鈔票與法幣同時通行。②

收兌任務相當艱鉅，各地中央銀行、中國銀行、交通銀行的分行收兌銀元的期限一再拖延。1935 年 11 月 15 日公布的兌換法幣辦法的原定期限為 3 個月，到 1936 年 5 月 3 日第三次展期又滿，但「持有銀幣、銀類尚未即兌換法幣者，讓不在少數」，故繼續收兌。到 1937 年春，為鼓勵各地分行積極收兌，「酌給百分之六之手續費」③，至於各地收兌銀元的總數占其持藏額的比例究竟有多大，迄無精確統計可依。根據郵政儲金匯業局《1935 年度報告書》所載內容，到 1936 年 6 月，共收兌銀元 3.08 億元。④

在法幣改革剛開始的一段時間裡，建立外匯基金的問題一直未能解決。雖然南京國民政府最初宣布法幣與英鎊掛勾，但是，由於英國當時的實力相當有限，既無款可借，又無法以巨額的英鎊購買中國白銀，所以，中英貨幣聯繫變得十分脆弱。當時，中國法幣唯一可行的選擇是改途易轍，由英鎊集團轉投美元集團（因為當時只有美國有能力幫助中國實現匯兌本位）。因此，法幣改革正式啟動後，南京國民政府進一步加強了請求美國購買中國白銀的外交努力。1935 年 11 月 13 日，中美雙方取得協議，由美國向中國承購白銀五千萬盎司。⑤

另外，美國方面堅持要求確定法幣與美元的固定比率，南京國民政府考慮到朝令夕改「足以導致整個計劃的失敗」⑥，表示無法接受。然而，美國政府從 1935 年 12 月 9 日起開始降低銀價，導致每盎司白銀的世界價格逐步下降至 1936 年 2 月中旬的 0.45 美元。⑦ 這使南京國民政府非常恐慌，銀價下落的直

---

① 中國人民銀行總行參事室. 中華民國貨幣史資料第二輯 [M]. 上海：上海人民出版社，1993.

② 中國人民銀行總行參事室. 中華民國貨幣史資料第二輯 [M]. 上海：上海人民出版社，1993.

③ 中國人民銀行總行參事室. 中華民國貨幣史資料第二輯 [M]. 上海：上海人民出版社，1993.

④ 中國人民銀行總行參事室. 中華民國貨幣史資料第二輯 [M]. 上海：上海人民出版社，1993.

⑤ 阿瑟·恩·楊格. 1927—1937 年中國財政經濟情況 [M]. 陳澤憲，譯. 北京：中國社會科學出版社，1981.

⑥ 中國人民銀行總行參事室. 中華民國貨幣史資料第二輯（1924—1949）[M]. 上海：上海人民出版社，1991.

⑦ 阿瑟·恩·楊格. 1927—1937 年中國財政經濟情況 [M]. 陳澤憲，譯. 北京：中國社會科學出版社，1981.

接結果導致白銀輸入有利可圖（因為每盎司銀價下降至 0.40 美元左右就不利於出口白銀），從而有可能破壞新幣制。

「為充分維持法幣信用起見」，南京國民政府財政部又於 1936 年 5 月 17 日宣布「其現金準備部分仍以金銀及外匯充之，內白銀準備最低限度應占發行總額的 25%」①。於是，中國的外匯儲備不斷增長，至 1937 年 6 月達 3.789 億美元②，這為穩定匯率、鞏固法幣信用奠定了良好的基礎。

法幣改革是經濟全球化背景下，南京國民政府實行的幣制改革，其具有重要的歷史意義，主要表現在以下幾個方面：

第一，統一了貨幣及其發行權。法幣改革之前中國的貨幣流通混亂，貨幣發行權分散，嚴重影響了中國金融業的發展，並對經濟的發展也有很大的遏制。法幣代替銀元，成為法定貨幣，貨幣發行權也集中在 3 個銀行手中，使得中國貨幣擺脫了白銀價格的影響，從而解決了白銀危機。

第二，利率下降，緩解了通貨緊縮，穩定了金融市場。白銀危機時期，中國國內通貨緊縮，銀根奇緊，工商企業和銀行錢莊紛紛倒閉。法幣改革實施以後，利率下降，資金緩和。

第三，外匯穩定，對外貿易出現增長。法幣改革實施以後，新國幣（法幣）與舊國幣（銀元）相比，價值降低 40%③，因此，中國貨幣的對外匯價降低約 20%④，中國的對外貿易才得到改善。法幣改革穩定了法幣與外幣的關係，在一定程度上消除了因幣值與外匯不穩定而造成的外貿風險，促進了中國進出口貿易的發展。

第四，打擊了日本帝國主義。日本侵占中國東北以後，於 1932 年成立偽滿中央銀行，實行管制通貨制度，發行偽鈔，禁用硬幣，禁銀「出口」，用一文不值的偽鈔換取東北人民手中的白銀。很明顯，在日偽大量搜刮中國白銀的情況下，中國必須立即切斷貨幣與白銀的聯繫，否則中國將面臨亡國的危險。法幣改革的成功實施，剛好在這一點上打擊了日本帝國主義。

---

① 中國人民銀行總行參事室. 中華民國貨幣史資料第二輯（1924—1949）[M]. 上海：上海人民出版社，1991.

② 阿瑟·恩·楊格. 1927—1937 年中國財政經濟情況 [M]. 陳澤憲，譯. 北京：中國社會科學出版社，1981.

③ 梅遠謀. 中國的貨幣危機：論 1935 年 11 月 4 日的貨幣改革 [M]. 成都：西南財經大學出版社，1994.

④ 賀水金. 論國民政府的法幣政策 [J]. 檔案與史學，1999（6）.

第五章　中國近代五次金融危機對比分析

中國近代經歷了多次金融危機，其中不乏貨幣、證券、地產等引發的危機。中國近代歷史上曾先後發生5次金融危機，分別是1883年金融危機、1897年金融危機、1910年金融危機、1921年金融危機和1935年金融危機。

第一節　近代五次金融危機簡述

一、1883年金融危機——「股票風潮」

19世紀70年代，近代民用企業在洋務派代表李鴻章的引導下開始發展，股份公司開始成立，用以吸納社會資金。1892年，官督商辦性質的輪船招商局成立，隨後，保險、煤礦、銅礦、錫礦、紡織、自來水、電氣燈等公司如雨後春筍般發展。隨著洋務派軍需民用工業以及商辦近代工業的發展，國內外對農礦產品的需求增加。19世紀80年代初期，外商股份公司和洋務民用企業的經營利潤和派發的官利、股利優厚，投資者為逐利而踴躍認購中外股份公司的股票，以至於當時中外公司股票市價暴漲，中國股民的投機心理被刺激起來。據1884年1月12日的《申報》記載，華商「忽見招商、開平等（股）票逐漸飛漲，遂各懷立地致富之心，借資購股，趨之若鶩」。商民「視公司股份，皆以為奇貨可居」「每一公司（股票）出，千日人爭購之，以得票為幸」，以至「人情所向，舉國若狂，但是股票，無不踴躍爭先」。在急功近利心理支配下，投資者並不關心公司的組織和經辦狀況，只在意股票市價的漲落，「今華人之購股票者，則並不問該公司之美惡，及可以獲利與否」，時人在《申報》

上撰文《購買股份亦宜自慎說》，提醒股民注意風險①，但也沒有引起投資者的注意。1882年這一年，上海市場上中外企業的股票價格基本都超過其發行價，有的股票甚至出現2倍溢價。中國出現了籌組礦務公司和投機礦局股票的熱潮。

但好景不長，1882—1883年，主要資本主義國家發生經濟危機，資本主義國家經濟衰落，進口需求降低，同時為了消除危機而努力增加出口，中外貿易形勢不容樂觀。在國際市場上，中國的傳統貿易產品絲茶競爭激烈，導致其價格下跌，中國絲茶出口減少，中國絲茶商人受到影響產生虧損。1883年1月12日，上海著名的老字號金嘉記絲棧經營不善，因虧損56萬兩巨款而倒閉，與其存在經濟往來的40多家錢莊受到影響。錢莊開始通過緊縮信用貸款來降低風險，不但拒發新的貸款，而且收回舊的貸款。這使得商人借貸無路，資金週轉不過來。絲錢、茶棧、糖行、沙船號等商行又相繼倒閉20多家。倒欠錢莊款項150萬兩。受其牽累，錢莊倒閉並歇業清理20家，上海錢莊只剩下58家。出於百業蕭條、商業停滯的原因，1883年10月，廣東商人徐潤投資股票和香港房地產失敗，欠債幾百萬兩無法清償而宣告其經營的房地產公司破產，牽連關係錢莊22家。同年11月，浙江大商人胡雪巖由於缺乏國際生絲市場信息，所以在和力量強大的外國商人爭奪生絲價格控制權的絲業投機與競爭中失敗，他獨資開設於全國十幾個城市的阜康雪記錢莊倒閉。這一系列的錢莊倒帳和停閉事件動搖了外商銀行、票號及社會大眾對錢莊業的信心，從而引起了債務的擠提，最終爆發了金融危機。

大量錢莊的倒閉造成了金融恐慌，市場資金奇缺，銀根緊縮，利率高漲，股市也深受其影響開始暴跌。1883年9月，開平和招商局兩只被人們看好的股票的價格迅速下滑，開平股票的股票價格由160兩跌至29兩，招商局股票跌至34兩，其價格較1882年同期平均下跌87%。而在股市暴跌之前，股票是作為人們收益良好的投資品，大部分錢莊都曾以股票進行抵押放款，當股市出現嚴重危機時，錢莊受其拖累瀕臨破產。

危機很快就蔓延到了房地產市場。上海的房地產業瀕臨崩潰，典型的案例是徐潤的房地產業破產、崩盤。徐潤是一名大地產商人，在其經營房地產時，其欠各錢莊和洋行的白銀高達250萬兩。中法戰爭爆發後，法國軍隊揚言進攻江南製造局，造成市民恐慌，紛紛外逃，而致使房屋空置，地產業蕭條。同時，股市也處於危機之中，金融市場內資金緊缺，徐潤的資金鏈出現了斷裂。

---

① 李玉. 晚清公司制度建設研究 [M]. 北京：人民出版社, 2002.

而在錢莊和洋行的壓力之下，他被迫將全部房產等資產交出以償還債務，從而破產。徐潤的破產對於其未能償還債務的錢莊而言是個災難，一些錢莊也因週轉不靈而倒閉，加劇了金融危機。

除房地產崩盤外，胡雪岩的破產也加重了上海金融危機與市面恐慌。1883年11月，囤積了大量生絲的著名紅頂商人胡光墉，就因生絲價格下跌，給他造成了高達800萬兩的損失，其經營的阜康錢莊上海總號因此在12月1日倒閉，各地的分號也相繼停業關門。

上海作為商業金融中心，與各地商埠存在緊密的商業金融關係；加上此時國內還沒有建立最後貸款人制度，所以1883年的上海金融危機迅速波及外埠。1883年年初，上海共有錢莊78家，到年底僅剩10家還在繼續營業，其餘的都已經停業；鎮江的60家錢莊因此倒閉了45家；揚州當年擱淺的錢莊達到17家；寧波的錢莊從31家減少到18家；福州的錢莊倒閉了8家；在北京發生了擠兌錢莊的恐慌，北京錢鋪閉歇者不下百家；漢口本地的錢莊只有幾家資力較大的能夠勉強度過舊歷年關。由於錢莊的經營不穩定，鎮江、福州等地的商號拒絕接受莊票，商業上的信用交易蛻化為現金交易。信用的收縮和現金需求的增加，使得鎮江、九江等地的利率上升。1883年10月以後，九江的商人能夠提供最有利的擔保，其借款利率達到15%～20%，[①] 各地的商業投資和貿易因此而萎縮。

這次金融危機的爆發是國內外因素共同作用導致的。其中國際因素有：世界經濟危機的國際傳遞引發了中國國內的商業和銀行業危機；中法戰爭引發的政治危機加劇了公眾的心理恐慌和銀行危機。國內因素則是由於股票投機過度引爆了股票市場風潮，銀行危機導致債務——信貸的持續大幅度收縮，銀行股票業務的收縮，導致上海股市泡沫的破滅和股票市場風潮的爆發。

股市崩潰摧毀了華商公司的信譽，打擊了發展中的民族股份經濟。股價暴跌給股票投資者帶來慘重損失，嚴重挫傷了民眾投資股市的信心，敗壞了股份公司在中國人心目中的形象。直到1893年時，一般商人聽聞募股集資之事，仍「無不掩耳而走」，國人對「公司」兩字真正到了「厭聞」的程度。華商對公司制的厭噁心理致使華商股票市場一蹶不振，民族資本主義企業剛打開的直接融資渠道就此關閉。在此後的十幾年間，民族產業喪失了利用證券市場來促進自身發展的機會，中國經濟發展的速度以及國力的增長也因此受到制約。

---

① 張國輝. 中國金融通史（第二卷）[M]. 北京：中國金融出版社，2003.

二、1897 年金融危機——「上海貼票風潮」

1897 年，上海錢莊為了吸收存款，利用「貼票」方式，高利吸收存款，最終導致錢莊大批倒閉，史稱「貼票風潮」。

1889 年至 1890 年，販賣鴉片可以獲得高額利潤，而資金不足的鴉片商販為了獲得充足的資金進行鴉片買賣，從而不惜以很高的利息從錢莊借款。錢莊為獲得更高的收益，即將資金悉數放款於鴉片商人，由於資金有限，錢莊便想方設法吸收存款用以放款。上海潮州幫的 1 位姓鄭的商人開辦了協和錢莊，開創了「貼票」的方法進行融資：儲戶存入錢莊 90 餘元，錢莊則為其開具遠期莊票 1 張，到期後，憑票可取得現金 100 元。錢莊通過這種倒貼現的辦法，通過發行貼票來吸收社會存款，再將資金以高利息放款於鴉片商人。由於存貸的利差巨大，並且轉手間就可獲得巨大收益，錢莊便紛紛效仿，貼票業務開始盛行。上海的錢莊眾多，一些資金薄弱的小錢莊平時以零星兌換的錢幣獲得微薄的利潤而生存，當見到貼票業務豐厚的利潤之後，也開始經營貼票業務。當人們看到經營貼票如此賺錢，一些沒有資本成立錢莊的人，也開始借錢，並租賃門面開設專門經營貼票的錢莊。

更有一些人在巷口設櫃，開出貼票，招人貼現。這種利用極低成本開設的小錢莊，利潤並不微小，於是越來越多的人投入其中，一時間遍布英法兩租界的大街小巷，據《上海錢莊史料》記載：「僅開設於法租界公館馬路等處者，已有 51 家，其餘在公共租界北海路、福州路、廣東路者，更不知凡幾。」

當貼票錢莊的數量達到一定程度時，原本供不應求的狀態被打破，並趨於飽和。經營貼票業務的錢莊也開始為了爭取客戶競爭，主要通過提高票息和遊說的途徑。社會各類人群，不論男女老幼，甚至外國人和洋行都爭相換取貼票。一開始貼票到期時，由於數量較少，錢莊還可以利用到期差進行償還，而當貼票數量過多時，錢莊的資金沒有收回就無力兌現現金，而市場上很多投機者也利用貼票進行投機，有一部分人得到現金後便攜款逃跑了，上海金融市場呈現出一種繁榮假象掩蓋下的混亂局面。

1897 年 8 月中旬，坐落於上海法租界大馬路的微康錢莊，其開設資本僅為二三百元，其發放的貼票金額達到數萬元，最終因資金週轉不靈虧欠現金一萬多元而倒閉，從而引發了整個貼票市場的恐慌。緊接著，協大、德豐、錦康、慎康、恒德、王萬泰、德隆、慎徐、裕大、阜豐、長康、益康、微康、恒康、震元、牲康、德大、錦源、元豐、太和、寶康等數十家紛紛倒閉。總之，凡是開設貼票業務的錢莊無一幸免，悉數倒閉，就連信譽良好的老錢莊——法

大馬路三元錢莊，也難逃厄運。

錢莊倒閉風潮爆發後，開設錢莊的莊主無力償還借款，一部分人選擇逃跑，而之前錢莊所開具的貼票則變成了一文不值的廢紙。在上海，就連社會底層的百姓都成為了貼票的投資者，可見其涉及人數之多，導致整個上海人心惶惶。

三、1910 年金融危機──「上海橡膠股票風潮」

1910 年，上海發生了一次嚴重的金融危機，整個中國受其影響，陷入金融恐慌。1910 年 7 月，上海的正元、兆康、謙餘三大錢莊同時倒閉，而這三家錢莊虧欠銀行和其他錢莊的款項高達 700 萬兩。1910 年 10 月 18 日，中國最大的銀號上海源豐潤及其 17 家分號倒閉，它的倒閉正是受到三大錢莊倒閉的影響，從此危機開始席捲全國。1911 年 3 月 21 日，著名票號上海義善源及其 23 家分號倒閉。上海的錢莊數量由 1910 年的 91 家減少到 1912 年的 28 家。這次影響全國的百年難遇的金融危機，就是著名的「橡膠股票風潮」。

橡膠製品為中國民眾所熟知的是在晚清。當時橡膠被上海人稱為「橡皮」，而橡皮公司則是指經營橡樹種植業的公司，而橡皮公司所發行的股票則被稱為橡皮股票。20 世紀初，隨著世界工業的發展，橡膠作為工業品的原材料被廣泛應用，其市場需求快速擴大。國際橡膠市場的橡膠數量供不應求，而橡膠價格也隨之上升。為了追求利潤，國際資本開始投入於橡膠產業，南沙群島作為橡膠的出產地，自然成為了國際投資的重點地區。1910 年年初，為開發南洋橡膠資源而成立的公司達到 122 家，並在報刊上刊登廣告公開招股。橡膠股票走俏，人們爭相購買。倫敦一家橡膠公司發行價值 100 萬英鎊的股票，半小時則銷售一空；另一家公司發行股票，由每股 10 英鎊漲至 180 英鎊每股。中國作為世界經濟體系的一員，國際橡膠市場的熱度也傳到了中國，在開發南洋的 122 家橡膠公司中，至少有 40 家設在上海。這 40 家公司在上海的外國銀行開戶，並通過上海的洋行代售其股票。其股本總額達到 2,500 萬兩，並且華人和在上海居住的外國人成為了其主要的銷售對象。

在當時市場氣氛的帶動下，社會資金紛紛湧向股票市場。而匯豐、麥加利和花旗銀行宣布承做橡膠股票的押款，這無疑給中國商人打了一針安定劑，使其放心地將資金投入橡膠股票之中。40 家公司的 2,500 萬兩股票在幾個月內銷售一空，並且股價隨著市場接連上漲。之前無人購買的橡膠股票也隨股市暴漲，溢價能夠達到五六倍。如藍格志公司股票，在短短的 3 個半月時間，由 920 兩漲到 1,675 兩，而其票面金額僅為 100 兩；匯通洋行的地傍橡樹公司股

票在 1 個多月的時間內，就由 25 兩上漲到 50 兩，票面金額僅為 9 兩。

到了 1910 年 6 月，國際橡膠市場開始疲軟，倫敦橡膠股票開始狂跌，倫敦市場的每磅橡膠價格由 4 月份的 12 先令 5 便士跌到 7 月份的 9 先令 3 便士。倫敦股市的蕭條影響到了上海股市，上海股票交易所的橡膠股票立刻停止交易。而在之後的半年多時間內，橡膠股票失去了往日的輝煌，無人關注。直到 1911 年春，橡膠股票才恢復交易，大量橡膠股票被拋售，但並沒有人購買。導致之前持有大量橡膠股票的投資者無法將其變現，其中正元、謙餘和兆康這 3 個錢莊，由於出現流動性困難，資金無法週轉，於 7 月份宣布破產。會大、森源、元豐、協大、晉大等錢莊也受到橡膠股票的影響，在短短幾天內相繼擱淺、停業。

橡膠股票風潮過後，因大量錢莊倒閉導致市場資金不足、銀根緊縮，工商業的經營情況也非常不好。江浙地區的布業、絲業、洋貨業、五金業等商家悉數暫停營業或倒閉，江南地區的商業十分蕭條，而擁有雄厚資本的大型公司也難逃厄運，例如擁有 1,000 萬元資本的浙江鐵路公司和 400 萬元的江蘇鐵路公司。錢莊的倒閉加之商業的枯萎，給予民族資本主義工業很大的打擊，其因失去了用於發展的金融和商業資本而一蹶不振，直到民國初年，通過歐戰的刺激，才有復甦的跡象。

四、1921 年金融危機——「信交風潮」

中國的民族資本主義工商業在第一次世界大戰期間迅速發展，民族資本家也因此獲得了巨額資金。但第一次世界大戰結束後，資本主義國家於 1920—1921 年爆發了經濟危機，西方資本主義國家重新在中國進行投資，與中國民族資本家形成競爭。同時，作為中國貨幣的銀價暴跌，造成中國民族資本家的財富極度縮水。民族資本家為了尋求利潤，便將大量資金投入投機活動中。

證券和大宗商品的交易場所被稱為交易所，它分為證券交易所和商品交易所，以交易對象加以區分，顧名思義，證券交易所的交易對象是股票、公債等有價證券，而商品交易所的交易對象則是米、棉花等大宗商品。交易所的交易又分為現貨和期貨交易，現貨交易中有實物交割，而期貨交易大都不存在實物交割，只通過買賣價差計算盈虧，因此，交易所既可以方便商品流通，又可以進行買空賣空的投機。

上海交易所是受到外商建立交易所之風的影響而成立的。上海證券物品交易所於 1920 年 7 月成立，是上海華商創辦的第一個交易所，其資本額為 500 萬元，發行 10 萬股，每股 50 元，以有價證券和大宗物品為交易對象，1921 年

5月，上海華商證券交易所在上海股票商業公會的基礎上發展而來，其額定資本為300萬元，發行15萬股，每股20元。

交易所成立後，因經營狀況不錯，其股票價格也隨之上漲。上海證券物品交易所成立的46天內，平均每天收入佣金1,700元左右，其股票價格漲至58元左右。該交易所年終結算盈利50萬元左右，年利潤率高達80%。

經營交易所可以獲得較高的收益，必然會吸引人們的關注，隨後各行各業開始成立交易所。截至7月底，上海已有50家交易所成立。

1921年7月，中法實業銀行突然倒閉，人們對於外國銀行的信心產生動搖，紛紛將其存入外國銀行的現金提現，並投入交易所中。

在交易所成立的熱潮席捲中國時，外國資本也不會放棄獲利的機會，開始在中國設立交易所。日商在上海設立中華金銀交易所，香港中外證券物品交易所、華商證券物品交易所在上海設立了籌辦處。英商也擬在寧波設立金洋交易所。

交易所的成立已經涉及各行各業，而且遍及中國的主要城市，還有外資的加入，交易所成立的盛行可見一斑。

1921年秋，設立交易所的浪潮達到巔峰。僅上海就有136家交易所，其他各地的交易所有24家，共計160家。信託公司伴隨著交易所的成立而大量設立。

在交易所大量設立的同時，信託公司也如雨後春筍般紛紛設立，信託公司是通過幫助客戶理財進行盈利的金融機構。儘管信託公司的經營業務僅限於代客理財，但由於交易所的厚利，信託公司仍投入大量資本進入證券交易市場。

交易所的盈利一般依靠的是佣金收入，隨著交易所數量的增加，而證券數量和大宗物品交易的數量相對穩定，造成了交易所的供過於求，從而出現了交易所為爭取更多交易量而產生競爭。隨著競爭的加劇，為了能夠獲得更高的收益，各種違法詐欺手段開始出現。有的交易所的股票在其開業之前就已上市開售。有的交易所的發起人沒有足夠資本發行股份，便空認巨額股份，向社會投放少量股票，由於供求關係的不對稱，其股票供不應求，導致股價上漲，此時發起者再將股票回購，本就稀少的股票變得更加珍貴，其價格開始飛漲，溢價數倍，於是發起者再悉數將所有股票賣出，從中獲得豐厚的收益，而且股票也由空股變成了實股。

有的交易所理事與經紀人聯合成立「多頭公司」來對本交易所的股票進行炒作。他們首先大量購入本所股票，然後設法抬高股價，當股價達到一定程度時，市場內會有部分人覺得股價已達到最高點，便開始做空，以期股票下跌

後賺取收益。當多頭和空頭勢均力敵時，多頭公司開始對空頭勢力進行籠絡，通過補貼其損失讓其開始做多，這樣一來，該股票價格則一路上漲，如此操作的股票投機行為在市場中屢見不鮮，形成了股票投機熱潮。

在如此狂熱的市場氛圍內，錢莊和銀行作為金融市場的主力，也不同程度地參與股票投機。

一些參與投機的錢莊和銀行也難逃厄運，其中，錢莊因「橡膠股票風潮」的影響，採取謹慎經營的策略，對於股票進行投機的同時，對其風險的防範工作沒有疏忽，故沒有遭受到巨大的損失，上海僅有慶康錢莊一家倒閉，其餘錢莊雖受到一定的影響，但也有不少盈利。銀行業則不是如此幸運。1920年，中國的銀行有103家，僅上海就有16家，還有26家分行。此風潮中，上海共有7家銀行倒閉清理，約占上海銀行總數的1/6。

「信交風潮」爆發的1921年是中國金融史上「最為痛心的一年」。股市崩盤使得從產業和銀行業流入股市的大量資金無以復歸，信用收縮使得利率高企，進而抑制投資和經濟增長。更為嚴重的是「信交風潮」第三次重創了中國人對股市的投資信心，損害了華商股份公司募股集資活動在國民心目中的形象，民族股份公司借助公司制度和股票市場來籌集長期資本、振興實業的渠道再次被堵塞了。自此，公債市場取代股票市場在證券市場中的地位，公債成為交易所的主要交易對象。到抗日戰爭爆發前，上海證券交易所交易額的98%都是公債。信交風潮後，華南股票已經聲名狼藉，以國家信用為基礎的國內公債信譽相比華商公司股票的信譽還要高得多。加上財政極度困難的北洋政府的高利勸誘，大批社會遊資和銀行的資金遂轉入公債市場進行投機。由於中國發行的內外公債中實業公債的比重很小，所以信交風潮後，證券市場的財政化和銀行大量投機公債使得證券市場的發展脫離了產業發展的需要，中國的證券市場最終沒有能夠向歐美日本等資本主義國家的證券市場那樣，在優化資金配置、促進本國實業投資和經濟發展方面繼續發揮積極的作用。

五、1935年金融危機——「白銀風潮」

20世紀30年代，西方資本主義國家爆發了嚴重的經濟危機，而中國的經濟也深受其影響。西方國家紛紛想方設法擺脫危機，並將危機轉嫁給其他國家，由於中國正處於半殖民地半封建社會，便首當其衝地成為了很好的目標。

20世紀30年代，中國經濟受到世界經濟危機的影響，停滯不前。首先，由於自然災害的連綿不斷，已經給中國靠天吃飯的農業造成了很大的損失，加之資本主義國家對中國實施了傾銷，大量農產品進入中國，導致中國農產品價

格一瀉千里，農民深受其害，收入大幅下降，農業出現危機。

而中國工商業的發展，是以農業為基礎的，一旦農業出現危機，農民購買力低下，造成商品滯銷，使城市工商業趨於蕭條。

中國近代金融業的發展，向來不是以農工商業等產業為基礎的。由於近代中國社會不穩定，戰事連連，中國金融業的發展與中國政府財政是緊密相連的。政府大量發行的公債是金融業投資的重要目標。而由於世界經濟危機的影響，中國工農商業蕭條，金融業的投資更是謹慎，不會輕易投入實業。而標金、地產等的繁榮，成為了金融遊資的好去處，這致使中國資本市場遊資充斥、投機盛行，為金融危機的爆發埋下了伏筆。

西方資本主義國家為了擺脫經濟危機，紛紛放棄了金本位制，而美國為了轉嫁經濟危機給國內帶來的危害，實行了以收購白銀為國有的白銀政策，致使世界銀價大幅上升。而作為中國貨幣的白銀在國際市場中卻只是一種普通商品，其價格的大幅波動，對中國的貨幣體系影響巨大。隨著白銀價格的上升，中外白銀價差不斷拉開，從中國運銀到紐約或倫敦等市場，除去運費、關稅等成本仍有很高的利潤，這必然導致了大量白銀運出中國。而中國的白銀貨幣則大大減少，銀根緊縮，白銀購買力大大提升。

銀根緊縮，則信用產生危機，大量銀行、錢莊紛紛收回貸款，而對本身處境窘迫的農工商業來說更是雪上加霜，不少工廠、企業紛紛停產、倒閉。而金融業由於之前對於地產採取投機行為，隨著地價的暴跌，也出現了危機，大批銀行、錢莊因收不回貸款等原因紛紛停業、清理，這時金融危機爆發了。

國民政府採取了一系列措施，例如禁銀出口、徵收白銀出口稅、平衡稅、救濟工商業、救濟農業等。最終還是依靠政府的「法幣政策」，將這次金融危機平息下來。

第二節　五次金融危機的共性分析

近代中國歷史上發生多次金融危機，孤立地看，每次金融危機都是一個獨立的歷史事件，具有各自的特點，但是，聯繫起來看，通過經濟學的分析，可以發現它們之間有一定的共性。

一、金融危機爆發的一般外部因素

明斯基的理論指出，金融危機一般總是始於某種外部衝擊。所謂的外部衝

擊，主要是社會中的一些能夠影響盈利的因素，當其影響範圍夠大、影響程度夠深刻的時候，出現的盈利和虧損的機會就會支配人們進行相應的金融活動。

例如1883年金融危機的發生，是當時洋務派為了發展近代工業，從而成立了輪船招商局這個股份公司，對於當時的環境來講，股份公司的出現就相當於對於社會的一種衝擊；1897年，金融危機爆發，因鴉片利潤豐厚，導致錢莊發明了「貼票」這個衝擊因素；1910年，金融危機爆發，則是國際橡膠業的發展導致的衝擊；1921年金融危機，是由於交易所和信託公司的大量出現，加之西方資本主義國家的經濟危機，對社會造成衝擊；1935年爆發金融危機，也是由西方資本主義國家經濟危機加之美國的白銀政策的衝擊造成的。

二、個人理性與市場非理性並存

1. 理性、有限理性和非理性

經濟學中有一個基本假定「理性經濟人」，它強調人的本性是理性的，人都是自利的，即追求經濟和物質利益的最大化。西蒙認為理性經濟人具備三個基本的特徵，即知識完備、偏好體系穩定、計算技能超群。但是，人類的經濟行為往往是有限理性的，隨著環境的變化、市場信息的變化，人類的經濟行為會出現理性和非理性。因為首先，人類知識的完備是理想狀態下的完備，人類的認知和對信息的處理能力是有一定限制的。市場存在各種各樣的信息，非常容易出現信息的不對稱，一個人不可能收集到所有的信息，也不能應對所有的信息做出所有可能的判斷。其次，當受到各種各樣信息的衝擊時，其偏好體系可能存在不穩定性，即產生偏好的轉變。最後，人類的計算技能存在缺陷，例如有些問題本身的計算方法十分複雜，加上尋找數據的時間成本，導致人們會尋求經驗即啟發法來解決問題。對於充滿各種不確定性的市場，人們往往應用啟發性的方法來進行判斷，例如概率。

但是經濟學家又不得不承認人存在著非理性因素。馬爾薩斯認為經濟動力屬於非理性範疇，非理性的衝動和需要是經濟活動的動力源泉。凱恩斯甚至認為人的「動物精神」是經濟週期發生的根本原因。這種「動物精神」當然屬於非理性因素。

以哈耶克為代表的一些經濟學家承認個人的經濟活動的目的是理性的，即以最小的成本獲得盡可能大的收益，但是眾多個人的理性活動則可能造成非理性的結果。即存在個人理性和集體理性的衝突，典型的例子就是「囚徒困境」。

2. 市場是否理性

如前所述，理性只是一般性的假定，而非現實世界的反應。

在幾次金融危機前，總是有這樣那樣的獲利機會，理性人通過有限理性的思考做出投資的決定，最終導致了非理性市場的出現。例如在 20 世紀二三十年代，中國的農業和工業紛紛產生嚴重危機的時候，一個理性的人是不會貿然把自己的資金投放進去的，而是到城市尋找投資機會。當本應投入農業和工業的生產性資金流入城市後，理性人必然會為充足的資金尋找出路，以換取利益。所以市場中總是會出現理性的個人和非理性的整個市場並存的現象。

3. 投資者的有限理性會使投資者出現羊群效應

羊群效應是指人們的思想和行為經常被多數人的思想和行為影響，也被稱為「從眾效應」。經濟學中羊群效應是指市場上存在那些沒有形成自己的預期或沒有獲得一手信息的投資者，他們將根據其他投資者的行為來改變自己的行為。在金融市場上，市場參與者的心理變化會影響市場的供求變化，從而影響市場的發展。

所以，羊群效應很可能導致金融泡沫的出現。羊群效應可能會導致眾多理性投資者的從眾投機，從而加劇了市場內部價格與價值的偏離；羊群效應也可能被市場內部大型投資者利用，通過雄厚的資金操縱價格，吸引大量投資者跟風，並在價格漲至一定程度時拋出，造成市場價格的不穩定。以上兩點都可能造成金融危機的爆發。

羊群行為經常是以個體的理性為開端，通過其放大效應和傳染效應，跟風者們漸漸表現出非理性的傾向，進而達到整體的非理性。

縱觀中國近代五次金融危機的爆發，都是因為投資行為的「羊群效應」所致。在近代中國，具有一定投資知識的理性人士畢竟是少數，大部分人均是看到他人獲利，從而踴躍追逐，這便是羊群效應。而當市場中充斥著非理性的投機行為後，原本理性的市場也會失去其理性，其發展的趨勢也偏離了正常的軌道，從而產生大量金融泡沫，最終走向破滅。

三、投機盛行是金融危機的溫床

投機的一般定義是：商品或者證券的買賣的目的在於利用市場價格的上漲或下跌來謀取利潤。投機行為的前提是未來價格變動的不確定性。投機者自信地認為自己能夠準確判斷出未來價格的走勢，並從中獲取利益。

（1）1883 年爆發金融危機。19 世紀 70 年代，以李鴻章為領導的洋務派大力發展民用企業，一般採取官督商辦的形式，通過成立股份公司募集社會

資金。

　　輪船招商局為創立的第一個官督商辦的股份公司，截至 1883 年，陸續成立了十幾家企業。輪船招商局自成立起直到 1883 年這些年間，每年不論盈虧，股息均按照章程發放，並在 1875 年除發放股息一分之外，另發餘利 5 厘。其他官督商辦企業也都按時發放股息，在社會上取得一定的口碑，得到了廣大投資者的信任，投資者也紛紛投資於此。

　　《申報》中《書某公整頓礦務疏後》記載，「中國初不知公司之名，自招商輪船局獲利以來，風氣大開」。《申報》中《答暨陽居士採訪滬市公司情形書》記載，華商「忽見招商、開平等（股）票逐漸飛漲，遂各懷立地致富之心，借資購股，趨之若鶩」。1882 年，華商認購股票的行為達到瘋狂的程度，上海大街小巷中人們無不談論股票。《申報》中《賽格蘭銅礦》記載，商民「視公司股份，皆以為奇貨可居」。還記載，購買股票的群體最早是一些擁有一定資本的官吏和商人，之後發展至普通家庭，他們通過借貸進行融資從而進行股票的買賣。很多人都是從錢莊取得借款購買股票，在股票價格上漲盈利後，再賣掉股票，償還借款，從而賺取差額。

　　（2）1897 年，爆發金融危機，因鴉片的暴利加之市場資金不足，鴉片商販便想方設法從錢莊借款。有足夠資本的錢莊便通過貼票的方式募集存款，從而進行放貸，從中獲得了可觀的利潤。

　　錢莊之間通過激烈的競爭來招攬儲戶，即不斷提高貼息。貼息率由最初的二三分漲至五六分。「莊家但求騙取現洋，不問多少，在經手者，但求從中取利，不顧人之受害，惟求多貼一票，則得一票之利，無不竭力為之」。許多沒有資本的人也紛紛租店面設立專門的貼票錢莊，錢莊發出的貼票數量巨大，其資金都用於高利放款，完全沒有存款準備，一旦一個環節出現問題，流動性困難就會凸顯，最終導致危機爆發。

　　（3）1910 年，爆發金融危機，由於社會的進步、經濟的發展，導致市場對於橡膠製品的需求急速增加，橡膠的供不應求帶動了全球橡膠價格的增長，並引發了橡膠公司成立的熱潮。全球橡膠公司紛紛在南洋群島進行橡膠開發，並且有很大一部分公司設置在上海，並在上海發行股票，其股票由洋行代售。不少投資人根據經濟形勢，對蓬勃發展的橡膠公司股票進行投資，並獲得了一定的收益。

　　很多人根本不瞭解什麼是橡膠，就開始盲目搶購橡膠股票，據姚公鶴《上海閒話》描述，「當時親友敘晤，除橡皮股票外，無他談話」「舉國皆狂，幾疑滬上各業無不足以達其發財之目的」。錢莊、洋行等機構，更是利用其社

會經濟關係，動用其所有可用的資源，不惜利用莊票進行抵押借款，用於大量購買橡膠股票。此外，外國資金也積極地參與進來了。到1910年4月，40家公司的2,500萬兩股票在短短幾個月內被搶購一空。在全部橡膠股票中，外國人擁有20%，華人擁有80%。

（4）1921年爆發金融危機，由於當時股份制公司如雨後春筍般大量成立，傳統的錢莊和銀行的信貸不能滿足其日益增長的資金需求，通過吸收社會資金作為其長期投資，需要交易所這樣的金融機構來提供服務。而信託公司則是為一些缺乏相關投資知識的投資者提供投資服務的。交易所和信託公司的成立，是符合經濟發展的客觀規律的，並獲得了不錯的利潤。

上海證券物品交易所經營狀況優良以至其股價節節攀升，交易所成為了投資獲利的優良之選，於是交易所大量成立，投資交易所的風潮一時興起，隨著交易所數量的增加，而證券數量和大宗物品交易的數量相對穩定，造成了交易所的供過於求，其數量已超出了中國經濟和金融發展的需要。其中很多交易所的設立和經營都存在著違規行為。例如利用認購空股，進行炒作，將股價炒高，再將股票賣出，從而獲得暴利，還有成立「多頭公司」對股票價格進行操縱等。而信託公司隨交易所的火爆應運而生，其與交易所聯合，信託公司股票在交易所上市，交易所股票在信託公司進行抵押借款。同時，銀行和錢莊因高額利潤的誘惑，也不同程度地對交易所股票進行投機。整個金融業的資金已經形成了一張錯綜複雜的交易網絡，其中包含著大量的經濟泡沫，並且蘊含著風險，一旦一個環節出現問題，整張網絡就會坍塌，從而形成危機。

（5）1935年金融危機，是由於世界經濟環境不景氣所致，中國農工商業大都停滯不前，唯獨都市金融業保持了一定的「蓬勃」勢頭。由於周邊農工商業的凋敝，導致都市遊資充斥，而金融業則借機發展起來，但是金融業資本的發展並不是建立在產業資本的基礎上，而是將大量資金投入標金、公債、地產等事業，進行投機，從而獲得大量利益。就是因為其投機行為的盛行，才為金融危機的爆發提供了良好的溫床。

四、金融危機與外國經濟的聯繫更加緊密

鴉片戰爭後，中國被迫打開國門。西方列強的商品與資本逐步進入中國，擴大在中國的市場，中國自然經濟逐步解體，中國經濟與世界經濟的聯繫日趨密切，至19世紀末，中國的經濟活動、金融市場大體已被西方列強所掌控。

1883年金融危機中，股份制公司就是舶來品，中國洋務派借鑑西方工業發展的經驗，大力發展民族企業，從而帶動了一系列企業的蓬勃發展。

然而，1883年資本主義國家爆發經濟危機，對絲織品和茶的需求驟減。當時，中國對外貿易出口的產品主要為生絲和茶，出口對象為歐美發達國家。法國是上海生絲出口的主要國家，其絲織品進口量下降53%，美國則減少絲綢進口46%。同時，由於印度茶和日本絲在世界市場上的強有力的競爭，中國的茶、絲出口進一步惡化，許多絲、茶商人經營虧賠，許多商號、絲棧因週轉失靈而倒閉，其中就包括金嘉記絲棧，這也被稱為倒帳風潮。

　　1910年金融危機，正是國際市場中橡膠業的發展，導致橡膠價格激增，從而吸引了大量橡膠公司進行開發。其中大量外國公司落戶上海，並面向國人公開募股，加之匯豐、麥加利、花旗等大型國際銀行承做橡膠股票貸款，從而導致橡膠股票認購熱潮。

　　1921年金融危機，中國民族工業本來在第一次世界大戰期間得到了一定的發展，但是資本主義國家在1920—1921年爆發經濟危機，外國資本大量流入中國，導致中國民族資本受挫，從而使大量資金流入資本市場從事投機活動。

　　1935年金融危機，中國受到了西方「世界資本主義經濟危機」的影響，農村經濟瀕臨崩潰，大量資金流入城市，進行投機活動。加之美國的白銀政策，導致白銀大量外流，銀行銀根緊縮，爆發了通貨緊縮的金融危機。

　　縱觀近代五次金融危機，其中四次的爆發都是由國內、國外因素共同作用造成的，其中有三次的國外因素是國際金融經濟危機的傳染，另一次則是國外資本的流入所致。

第六章 結論與啟示

　　通過對20世紀30年代中國金融危機發生的背景、過程及其波及範圍、相關後果的研究，總能挖掘危機發生的根源，找出其中一些規律性的東西，深化對於金融危機的認識，為預防和治理乃至盡量規避金融危機能提供有益啟示。

　　金融危機的發生暴露出了近代中國金融業發展所面臨的一些問題。首先就是如何解決金融體系內在脆弱性的問題，金融體系在經濟中的作用就是通過直接或間接的方式優化資源配置，使得資本得到更有效率的運用，並且金融機構的基本盈利模式就是存貸利差，這使得過度借貸的內在衝動無法消除，只能通過一些制度來進行約束。其次是如何避免過度投機，適度的投機行為對市場是一種調節，有利於市場的健康發展，而過度的投機會造成泡沫的產生，從而產生危機。再次是如何處理政府和金融的關係，即財政和金融的關係，因為金融市場並不總是理性的，也就是說金融市場也存在「失靈」的情況，需要政府進行干預，而政府對干預的度的把握非常重要。最後是發生金融危機後如何應對或治理，誰來為金融危機的損失「埋單」，這都是社會十分關心的問題。

一、內外因素促成20世紀30年代的中國金融危機

　　20世紀30年代，中國爆發金融危機。從表面看，是由於世界經濟危機爆發，西方資本主義為轉嫁危機，尤其是美國的白銀政策導致中國發生「白銀風潮」，引起貨幣信用危機，表現為白銀大量外流，從而導致國內貨幣數量下降，繼而銀根緊縮，最終導致出現通貨緊縮的危機。而究其深處，可以發現，此次金融危機的爆發，不僅僅只是貨幣方面的危機，中國金融業就存在著很大問題，而「繁榮」的金融業猶如空中樓閣，在沒有工農商業的經濟基礎下，隨時都有崩塌的可能。

　　所以，我認為，20世紀30年代的中國金融危機的爆發是由多種因素共同作用而促成的。既有國際影響的因素，又有國內自身經濟、金融狀況的因素。在國際方面：西方資本主義國家「世界資本主義經濟危機」對中國的農業生

產破壞巨大，中國國內經濟平衡受到破壞；當時中國社會動盪不安，加之帝國主義國家對於中國的侵略，導致中國的經濟不能得到良好的發展，並且政府對於經濟的調控能力不足。國內方面：中國歷史遺留下的貨幣問題嚴重，幣制十分紊亂，容易產生貨幣危機；而金融業的發展並沒有以一般經濟產業為基礎，而是充滿了對利益追逐的投機行為，難免會造成金融業發展頭重腳輕的局面，為危機爆發埋下隱患。

我認為20世紀30年代中國金融危機爆發的根源是金融體系的內在不穩定性，它是世界各個國家金融發展過程中都不可逃避的一個問題，幾乎伴隨著歷次金融危機的爆發而存在。而西方資本主義國家的經濟侵略是其爆發的主要原因，其爆發的導火索則是美國通過一系列白銀政策轉嫁其國內的危機。而西方國家爆發金融危機的根源在於週期性經濟危機的爆發和金融體系的內在不穩定性。處於世界經濟體系的中國必然會受到西方國家金融危機的影響，所以週期性的經濟危機也是中國金融危機爆發的間接根源。

二、國家主權完整是金融業發展的前提條件

主權問題關乎經濟和金融系統能否健康發展。自鴉片戰爭之後，中國被迫簽訂一系列不平等條約，喪失了一定的主權。民國時期，由於國家主權不完整，中國在經濟上就「俯仰由人」。由於中國沒有充分的自主權，無法約束外國銀行和企業的行為，外國銀行可以不顧中國的利益從事經濟活動。而主權的不完整也影響政府對於經濟的調控能力，處於世界經濟範疇的中國，經常受到外國經濟政策的壓制，而中國政府無法做出相應的對策來化解，無法使國內的貨幣制度、經濟發展和金融發展與國際經濟形勢相匹配。

三、貨幣制度穩定和金融發展密切相關

中國近代金融業演進的道路曲折且漫長，而貨幣作為金融和經濟運行的血液，其重要性不言而喻。在生產和交換活動中，貨幣又充當著橋樑的作用。所以，貨幣制度的完善與否，關係到生產和交換能否順利進行，也關係到金融和經濟能否有序地運行。貨幣制度與金融的穩定發展關係密切。近代，中國貨幣金融風潮頻繁爆發的重要原因之一就是貨幣制度落後、貨幣發行權分散、流通中的貨幣長期不統一。只有貨幣制度符合經濟和金融發展的需要，才會避免矛盾和危機的產生。由於中國的貨幣體系與西方資本主義國家貨幣體系不匹配，即在中國作為貨幣的白銀在西方資本主義國家只是普通商品，國際貨幣體系的變動就會對中國貨幣體系產生巨大影響。加之中國貨幣制度十分複雜，並且貨

幣體系極其紊亂，本身就具有一定的缺陷，容易發生危機。所以一旦西方資本主義國家採取利於自己而不利於中國的貨幣政策，通過匯率傳導機制，中國的貨幣體系就極易受到巨大衝擊，從而產生危機。

近代，中國政府不斷嘗試進行貨幣制度改革，並努力控制貨幣發行權。北洋政府也實行幣制改革，試圖實現「貨幣國家化」，並在一定程度上取得了統一銀元、實現鑄幣國家化的成績，但是北洋政府未能將銀行券發行權集中到國家手中，也未能「廢兩改元」。1933年，南京國民政府推行「廢兩改元」政策，統一銀本位幣的單位。1935年，實行「法幣政策」，廢除銀本位制，建立匯兌本位制，初步將銀行券發行權集中到國家手中，但是，中央銀行尚未壟斷貨幣發行權，貨幣發行權仍分散在中央、中國、交通、農民銀行手中。

1942年6月，國民政府頒行《統一發行實施辦法》，規定中央銀行統一辦理貨幣發行。自此，中央銀行成為唯一的貨幣發行銀行。但是抗日戰爭期間，中國的政治現實使得中央銀行實際上還不可能真正統一貨幣發行權。1949年以後，中國人民銀行才真正統一了貨幣發行權。貨幣發行權的統一有利於中央銀行實施統一的貨幣政策來維持貨幣與金融的穩定，進而促進經濟發展。

四、實體經濟的發展是金融業健康發展的基石

近代金融業的畸形發展，是造成20世紀30年代金融危機爆發不可忽視的因素。中國金融危機的構成，主要可以從兩個方面來看：一是現銀從農村不斷向城市集中，再由城市匯流到外商銀行，從而運出中國，造成中國的通貨基礎日趨緊縮和空虛。第二是集中在城市銀錢業的大部分遊資，沒有用於發展事業，而是在標金、公債和地產等行業進行投機。這兩方面問題交互影響，造成中國金融業危機的爆發。而這兩方面的根源則在於中國國民經濟的主要部門——農業，因受到世界經濟危機影響和帝國主義的侵略，經歷著慢性的恐慌和衰敗。

馬克思根據金融危機的表現形式，將其分為兩種類型：第一類是作為生產和商業危機先導階段的金融危機，第二類是發生在金融體系內部的獨立的金融危機。

馬克思認為導致第一類金融危機的根本原因不在於貨幣市場，而在於資本主義商品生產過剩。導致生產過剩的原因包括以下幾個方面：第一，生產與消費之間的對立；第二，資本累積與價值增值之間的矛盾；第三，以商業信用為主的信用形式的充分發展導致商業貨幣的膨脹，進一步刺激了生產過剩的發展。

馬克思將第二類危機發生的原因歸結為金融市場的賭博投機活動而導致的虛擬資本過剩。第二類金融危機的實質，是在金融市場過度的賭博投機與信用

制度的膨脹相結合的情況下，過剩的虛擬資本與貨幣形成尖銳的對立，最終，虛擬資本價格暴跌導致危機爆發。

馬克思第一個對虛擬資本做出了科學的界定和系統的分析。他認為虛擬資本是伴隨企業資本擴張與商品流通發展而產生的，但是卻能擺脫生產和商業的束縛而依靠信用制度獲得自身的發展。虛擬資本這種特殊的發展規律，極大地滿足了資本家通過賭博投機實現價值增值的要求。當金融市場的賭博投機使得金融槓桿化的比例不斷提高，以致虛擬資本商品過剩嚴重時，一旦貨幣發生緊縮，將導致債務支付鏈條斷裂，金融危機的爆發就不可避免。當金融危機爆發後，將對實體經濟的運行產生反作用。

20世紀30年代，中國金融危機的發生屬於馬克思定義的第二類金融危機。而當今國際金融危機的發生，大都是金融產品價格泡沫的破裂導致的。首先，資本的虛擬化造成了金融產品規模的急遽膨脹，創造了金融危機產生的基礎；其次，資本虛擬增加了系統性金融風險，使得金融危機的爆發成為可能；最後，資本對利潤的貪婪追逐與金融自由化環境的結合，構成虛擬資本持續膨脹的內在動力，使得資本虛擬化不斷突破各種合理的限制而過度發展。資本過度虛擬化導致實體經濟部門與虛擬經濟部門的發展比例嚴重失調，虛擬資本價格泡沫破裂，金融危機的爆發成為現實。

五、完善的監管可以防範金融危機

一般來說，各國的金融發展大致經歷過由無政府監管（或弱政府監管）的自由發展階段向有政府監管的階段過渡的歷程，這是由金融業內在的脆弱性、外部性特點以及金融與經濟穩定發展的客觀需要決定了的，近代中國的百年金融發展也遵循這個歷史規律。

1895年以前是第一階段，中國的金融發展處於鬆散管理的自由發展階段。雖然在洋務派推動下，國內投資的股份公司和保險公司分別在1872年和1875年出現，但是清朝中央政府並未從根本上放棄「重農抑商」的政策，不懂得資本以及與之密切相關的公司、金融業的發展對商品經濟和生產力發展的重要推動作用，因而並不重視公司和新式金融業的發展，更談不上將公司和金融業的發展納入法制化的軌道。由於沒有中央政府的引導和支持，沒有公司法和銀行法，所以這個時期民族資本的新式銀行業尚未建立。金融業的近代化程度很低，金融結構較為簡單，金融體系的功能很不完善，金融發展速度慢，而且很不穩定，其在經濟發展中的影響較小。1896—1926年，中國金融業進入快速發展期，步入到了政府重視、倡導和開始監理金融業的發展階段。這個階段，

由於政府的重視和支持，國資的新式銀行業得以建立並發展起來，金融立法和金融監管制度建設開始起步，政府開始嘗試將公司和金融發展納入法制化的軌道。中國在金融創新和金融發展方面取得了明顯的進步，金融結構得到了優化，傳統金融業出現危機和衰落，新式銀行、保險、證券、信託業均已出現並獲得發展，金融體系的功能趨向完善，金融體系在經濟發展中的作用加大。但是由於中央集權制度衰弱，政治趨向分裂，政府在金融發展中的作用受到限制。中央銀行制度建設和幣制改革沒有取得實質性進展，金融監督軟弱無力，較為頻繁的、劇烈的金融危機破壞了金融業的穩定發展。1927—1936年，中國的金融發展進入政府極力干預、壟斷乃至統制金融業發展的階段。國民政府依靠強有力的國家力量，有計劃地干預金融發展，一是通過財政投資以及將部分私營銀行改組為國家控股銀行的方式來發展國有金融業。二是推進幣制改革，確立中央銀行制度。先是將貨幣發行權集中到國家控制的四大銀行手中，確立管理通貨制度和匯兌本位制度以穩定貨幣，之後在抗日戰爭期間，由中央銀行統一貨幣發行權。三是強化政府對公司和金融發展的法制化管理。四是在制度上限制傳統小銀行的發展，支持公司制大銀行發展。五是推進銀行業的分工和專業化發展，實行銀行合併政策。在國民政府的積極干預下，民族金融業的近現代化程度繼續提高，新式銀行、保險業均出現發展高潮，民族銀行業對此外商銀行業具有整體優勢，國有金融事業迅速發展。舊式銀行錢莊業急遽衰落，金融結構進一步優化。金融發展的穩定性提高，金融體系對經濟發展的推動作用增強。1937年以後，日本帝國主義全面侵華，關內大部國土淪陷，中國金融業已經失去常態下健康有序發展的土壤。

　　總的說來，在近代中國金融發展與政府關係的三個不同歷史階段，金融發展的程度與當時政府是否重視金融業的發展、政府能否有效地監理金融業、能否成功或有效地推進貨幣制改革與金融制度建設是密切相關的。

　　鴉片戰爭前，外商將公司組織從西方傳入中國。1835年，中國出現了最早的外商股份公司暨金融股份公司。1872年，民族股份有限公司成立，1875年，民族金融股份公司成立。但是在1904年以前，中國處於無公司法的階段，公司制度建設尚未正式開展。這不利於公司和新式金融業的規範化發展。從1904年開始，近代中國的公司發展逐漸被納入了法制化的軌道，中國開始了公司制度的建設。清政府、北洋政府、南京國民政府先後頒布了四部公司法：《公司律》（1904年）、《公司條例》（1914年）、《公司法》（1929年）、《公司法》（1946年）；此外，歷屆政府還頒布了一系列與公司有關的法規文件。公司立法和公司法的施行是有助於公司和新式金融業健康發展的，遺憾的是公司

法與其他法規一樣，在近代中國沒有被很好地遵行，其對金融與經濟穩定發展的促進作用也沒有有效地發揮出來。

在 1908 年以前，除了典當業以外，中國的金融發展基本上是沒有政財管理的，這不利於金融業的穩定和經濟發展。「光宣新政」期間，新式金融業獲得發展，傳統金融業出現危機。此時的清政府重視實業發展，因而也認識到了金融穩定對商務振興的重要性。清政府於 1908 年頒布《大清銀行則例》，將戶部銀行改名為大清銀行，賦予其國家銀行和商業銀行的雙重職能，試圖建立「最後貸款人」制度。同年，清政府還頒布中國首部銀行法《銀行通行則例》，規定由財政部依法監理銀行業，近代中國開始進行銀行制度建設。「光宣新政」期間，清政府還進行保險立法，不過這些保險法規基本上沒有得到實施。北洋政府繼續推進金融立法和金融制度建設，規定由財政部負責監管銀行業，並設立銀行監理官制度。1924 年，中國近代第二部銀行法《銀行通行法》頒行，繼續依法管理銀行業。保險立法繼續進行，但是和清末一樣，這些保險法規也大多未能實施。此時，沒有專門的保險監督機構，保險監管制度也尚未建立起來。北洋政府於 1914 年頒布《公債條例》《證券交易所法》《交易所監理官條例》等證券市場管理法規，規定由農商部負責管理證券市場，並設置交易所監理官制度，從而開始依法管理證券市場。由於政治分裂，北洋政府很虛弱，金融監管制度實際上未能真正建立起來。1928 年後，南京國民政府為了實現全國首次財經會議上制定的貨幣金融改革與建設方略，依靠國家力量，逐漸建立起政府壟斷金融的體制，並有步驟地干預國內的金融建設。這個時期，南京國民政府對金融業的干預可謂不遺餘力。一是加強金融立法和金融管理，對原先自由的金融市場加以限制或取締。例如剝奪普通銀錢業發行銀行券的權利，取締洋厘和銀拆兩市；禁止民間買賣白銀，規定並提高銀錢業法定的最低資本限額，強制普通金融機構向中央銀行繳納存款保證金，強制錢莊改組為銀行公司，將簡易人壽保險收歸同營。設立上海錢業監理委員會和國家銀行控制的錢業準備庫，禁止新式銀行與錢莊之間發生直接的存貸款關係，限制地方公債的發行與交易等。二是通過財政投資新設、改組或併購民營金融機構等方式來發展國有金融資本，在 1935 年建立以「四行二局」為代表的壟斷性國有金融體系，作為國家干預經濟的金融工具。三是根據全國財經會議確定的銀行建設方案，由財政出資建立新的中央銀行，將政府控制的中國、交通兩家商業銀行改組為國有專業銀行以推進銀行的專業化，提高銀行的效率；通過實施「法幣政策」，將法幣發行權集中到中央政府控制的中國人民銀行、中國銀行、交通銀行、農業銀行四大銀行，實現貨幣的國家化，強化和突出中央銀行的地

位，為中央銀行最終壟斷貨幣發行權奠定基礎。四是依據《公司法》（1929年）、《銀行法》（1931年）、《銀行整理大綱》（1935年），制定並實施銀行合併政策，鼓勵小銀行合併以穩固銀行的信用。五是放棄銀本位制，建立有彈性的信用貨幣制度來擴張貨幣與信用，促進經濟發展。六是建立匯兌本位制，實施法幣盯住英鎊、美元的匯率制度，由政府運用外匯平衡基金來干預外匯市場，穩定法幣的對外價值即匯率，進而調節本國的國際收支。隨著南京國民政府壟斷金融體制的建立，中國金融業自由發展的時代逐漸落下了帷幕。

1928年之後，南京國民政府對於金融立法大力加強，相繼頒布了《交易所稅條例》（1928年）、《交易所法》（1929年）、《公司法》（1929年）、《銀行法》（1931年）、《郵政儲金法》（1931年）、《儲蓄銀行法》（1934年）、《中央銀行法》（1935年）、《簡易人壽保險法》（1935年）。1937年1月，頒布了經過修正的《保險法》《保險業法》《保險業法施行法》。可見，國民政府對公司和金融發展的法制化管理明顯加強了。近代，中國歷屆政府將公司和金融發展納入法制化軌道的努力有利於維護金融市場的秩序，改善金融業的整體素質並維護金融業的穩定。抗日戰爭前10年，金融危機的減少以及金融危機的破壞程度受到控制，這與國民政府加強對公司和金融發展的法制化管理是分不開的。

中國正在建設社會主義市場經濟體制，與之相對應，中國的金融體制改革也要向市場金融的方向發展。市場金融的建立和發展，在引進競爭機制、改善金融效率的同時，也會帶來新的金融風險。尤其是中國實行對外開放政策，必須相應地開放本國金融市場。經濟與金融的國際化發展使得中國的貨幣流通、金融和經濟發展都不可避免地受到越來越大的外部壓力和衝擊，國際經濟與金融的危機也會傳遞至中國。1883年、1897年、1910年、1921年、1935年中國發生的金融風潮，都不同程度地受到了國際經濟金融危機傳遞的影響。史實表明，開放的經濟條件下，中國的經濟發展不管過去、現在或將來都會面臨來自外部的金融風險。政府必須根據本國經濟發展水準、發展需要以及金融市場的發展現狀，借鑑國外市場金融的監管制度和經驗，在WTO框架協議下來謹慎推進匯率制度與金融監管制度改革。在金融區域化和全球化發展的背景下，最大限度地維護國家的經濟主權，保持貨幣政策的自主性，對內外資金融業實行監管上的國民待遇。政府要繼續推進並規範國有金融仲介的股份制改造，深化農村金融、郵政金融、政策性金融的改革，研究推進存款保險制度的建設，統一融資租賃的管理，推進金融行業內部的併購重組，做大做強金融機構。應當說，政府在穩定貨幣與金融、促進金融滿足經濟發展的客觀需要方面還有很多工作要做。

參考文獻

[1] 陳真，姚洛. 中國近代工業史資料 [M]. 北京：生活·讀書·新知三聯書店，1957.

[2] 重慶市檔案館，重慶市人民銀行金融研究所. 四聯總處史料 [M]. 北京：檔案出版社，1993.

[3] 李文治. 中國近代農業史資料 [M]. 北京：生活·讀書·新知三聯書店，1957.

[4] 彭澤益. 中國近代手工業史資料（1840—1949）[M]. 北京：中華書局，1962.

[5] 孫毓棠. 中國近代工業史資料 [M]. 北京：中華書局，1962.

[6] 吳岡. 舊中國通貨膨脹史料 [M]. 上海：上海人民出版社，1958.

[7] 徐義生. 中國近代外債史統計資料（1853—1927）[M]. 北京：中華書局，1962.

[8] 嚴中平. 中國近代經濟史統計資料選輯 [M]. 北京：科學出版社，1955.

[9] 姚賢鎬. 中國近代對外貿易史資料 [M]. 北京：中華書局，1962.

[10] 章有義. 中國近代農業史資料 [M]. 北京：生活·讀書·新知三聯書店，1957.

[11] 中國第二歷史檔案館. 民國外債檔案史料 [M]. 北京：檔案出版社，1990.

[12] 中國第二歷史檔案館. 中華民國史檔案資料匯編 [M]. 南京：江蘇古籍出版社，1991.

[13] 中國第二歷史檔案館. 中華民國金融法規檔案資料選編 [M]. 北京：中國檔案出版社，1989.

[14] 中國第二歷史檔案館. 中華民國史檔案資料匯編 [M]. 南京：江蘇古籍出版社，1991.

[15] 中國人民銀行總行參事室金融史料組. 中國近代貨幣史資料 [M]. 北京：中華書局, 1964.

[16] 中國人民銀行總行參事室. 中華民國貨幣史資料 [M]. 上海：上海人民出版社, 1986.

[17] 中國人民銀行總行參事室. 中華民國貨幣史資料 [M]. 上海：上海人民出版社, 1991.

[18] 中國人民銀行上海市分行. 上海錢莊史料 [M]. 上海：上海人民出版社, 1960.

[19] 中國人民政治協商會議全國委員會. 法幣、金圓券與黃金風潮 [M]. 北京：文史資料出版社, 1985.

[20] 阿瑟·恩·楊格. 1927—1937年中國財政經濟情況 [M]. 陳澤憲, 譯. 北京：中國社會科學出版社, 1981.

[21] 保羅·A·薩繆爾森, 威廉·D·諾德豪斯. 經濟學 [M]. 12版. 蕭琛, 譯. 北京：中國發展出版社, 1997.

[22] 曹貫一. 中國農業經濟史 [M]. 北京：中國社會科學出版社, 1989.

[23] 查爾斯·P. 金德爾伯格. 西歐金融史 [M]. 徐子健, 何建雄, 朱忠, 譯. 北京：中國金融出版社, 2007.

[24] 陳明光. 錢莊史 [M]. 上海：上海文藝出版社, 1997.

[25] 戴銘禮. 中國貨幣史 [M]. 上海：商務印書館, 1934.

[26] 戴建兵. 白銀與近代中國經濟（1890—1935）[M]. 上海：復旦大學出版社, 2005.

[27] 道格拉斯·C·諾思. 經濟史上的結構和變革 [M]. 厲以平, 譯. 北京：商務印書館, 1992.

[28] 杜岡·巴拉諾夫斯基. 週期性工業危機 [M]. 張凡, 譯. 北京：商務印書館, 1982.

[29] 杜恂誠. 中國金融通史 [M]. 北京：中國金融出版社, 1996.

[30] 黃達. 宏觀調控與貨幣供給 [M]. 北京：中國人民大學出版社, 1999.

[31] 黃鑒暉. 山西票號史 [M]. 太原：山西經濟出版社, 2002.

[32] 弗蘭克. 白銀資本——重視經濟全球化中的東方 [M]. 劉北成, 譯. 北京：中央編譯出版社, 2000.

[33] 金洪飛. 新興市場貨幣危機機理研究 [M]. 上海：上海財經大學出

版社，2004.

［34］凱恩斯. 貨幣論［M］. 鄧傳軍，劉志國，譯. 合肥：安徽人民出版社，2012.

［35］凱恩斯. 就業、利息和貨幣通論［M］. 陸夢龍，譯. 北京：商務印書館，1963.

［36］康芒斯. 制度經濟學［M］. 趙睿，譯. 北京：商務印書館，1962.

［37］李明珠. 中國近代蠶絲業及外銷（1842—1937）［M］. 徐秀麗，譯. 上海：上海社會科學院出版社，1996.

［38］雷麥. 中國國際貿易［M］. 上海：商務印書館，1926.

［39］李一翔. 近代中國銀行與錢莊關係研究［M］. 上海：學林出版社，2005.

［40］劉秉麟. 近代中國外債史稿［M］. 武漢：武漢大學出版社，2007.

［41］陸仰淵，方慶秋. 民國社會經濟史［M］. 北京：中國經濟出版社，1991.

［42］林維英. 中國之新貨幣制度［M］. 上海：商務印書館，1939.

［43］林毅夫. 論經濟學方法［M］. 北京：北京大學出版社，2005.

［44］馬金華. 中國外債史［M］. 北京：中國財政經濟出版社，2005.

［45］馬克思. 資本論［M］. 郭大力，王亞南，譯. 北京：人民出版社，1963.

［46］馬咸. 法幣講話［M］. 上海：商務印書館，1938.

［47］馬寅初. 馬寅初全集［M］. 杭州：浙江人民出版社，1999.

［48］邁克爾·羅素. 院外集團與美國東亞政策［M］. 鄭會欣，譯. 上海：復旦大學出版社，1992.

［49］梅遠謀. 中國的貨幣危機：論1935年11月4日的貨幣改革［M］. 成都：西南財經大學出版社，1994.

［50］米爾頓·弗里德曼. 貨幣的禍害：貨幣史片段［M］. 安佳，譯. 北京：商務印書館，2006.

［51］潘國旗. 近代中國國內公債研究（1840—1926年）［M］. 北京：經濟科學出版社，2007.

［52］彭信威. 中國貨幣史［M］. 上海：上海人民出版社，2007.

［53］青木昌彥. 比較制度分析［M］. 周黎安，譯. 上海：上海遠東出版社，2001.

［54］千家駒，郭彥崗. 中國貨幣演變史［M］. 上海：上海人民出版社，

2005.

[55] 石毓符. 中國貨幣金融史略 [M]. 天津: 天津人民出版社, 1984.

[56] 斯蒂格利茨. 經濟學 [M]. 高鴻業, 譯. 北京: 中國人民大學出版社, 1997.

[57] 思拉恩·埃格特森. 經濟行為與制度 [M]. 吳經邦, 譯. 北京: 商務印書館, 2004.

[58] 唐·帕爾伯格. 通貨膨脹的歷史與分析 [M]. 孫忠, 譯. 北京: 中國發展出版社, 1998.

[59] 托馬斯·梅耶, 詹姆斯·S. 杜森貝里, 羅伯特·Z. 阿利伯. 貨幣、銀行與經濟 [M]. 6版. 林寶清, 譯. 上海: 上海人民出版社, 2007.

[60] 托馬斯·羅斯基. 戰前中國經濟的增長 [M]. 唐巧天, 譯. 杭州: 浙江大學出版社, 2009.

[61] 王光謙. 中央銀行學 [M]. 北京: 高等教育出版社, 1999.

[62] 魏建猷. 中國近代貨幣史 [M]. 合肥: 黃山書社, 1986.

[63] 吳籌中. 中國紙幣研究 [M]. 上海: 上海古籍出版社, 1998.

[64] 西美爾. 貨幣哲學 [M]. 陳戎女, 譯. 北京: 華夏出版社, 2002.

[65] 蕭清. 中國近代貨幣金融史簡編 [M]. 太原: 山西人民出版社, 1987.

[66] 許滌新, 吳承明. 中國資本主義發展史 [M]. 北京: 人民出版社, 2003.

[67] 雅各布·範德林特. 貨幣萬能 [M]. 王兆基, 譯. 北京: 商務印書館, 1997.

[68] 楊蔭溥. 民國財政史 [M]. 北京: 中國財政經濟出版社, 1985.

[69] 姚會元. 中國貨幣銀行 (1840—1952) [M]. 武漢: 武漢測繪科技大學出版社, 1993.

[70] 姚會元. 日本對華金融掠奪研究 (1931—1945) [M]. 武漢: 武漢出版社, 2008.

[71] 姚會元. 江浙金融財團研究 [M]. 北京: 中國財政經濟出版社, 1998.

[72] 姚崧齡. 張公權先生年譜初稿 [M]. 臺北: 傳記文學出版社, 1982.

[73] 餘捷瓊. 1700—1937年中國銀貨輸出入的一個估計 [M]. 上海: 商務印書館, 1940.

[74] 章乃器. 中國貨幣金融問題 [M]. 上海：生活書店，1936.

[75] 張杰. 制度、漸進轉軌與中國金融改革 [M]. 北京：中國金融出版社，2001.

[76] 張公權. 中國通貨膨脹史（1937—1949 年）[M]. 北京：文史資料出版社，1986.

[77] 張國輝. 中國金融通史 [M]. 北京：中國金融出版社，2003.

[78] 張鬱蘭. 中國銀行業發展史 [M]. 上海：上海人民出版社，1957.

[79] 張輯顏. 中國金融論 [M]. 上海：黎明書局，1936.

[80] 張家驤，萬安培，鄒進文. 中國貨幣思想史 [M]. 武漢：湖北人民出版社，2001.

[81] 趙德馨，周秀鸞. 社會科學研究工作程序 [M]. 北京：中國財政經濟出版社，1987.

[82] 中國人民銀行上海市分行金融研究室. 中國第一家銀行——中國通商銀行的初創時期（1897 年至 1911 年）[M]. 北京：中國社會科學出版社，1982.

[83] 鄭友揆. 中國的對外貿易和工業發展（1840—1948 年）[M]. 上海：上海社會科學院出版社，1984.

[84] 鐘祥財. 法幣政策前後中國的貨幣理論 [M]. 上海：上海社會科學出版社，1995.

[85] 朱斯煌. 民國經濟史 [M]. 臺北：文海出版社，1985.

[86] 卓遵宏. 中國近代幣制改革史（一八八七—一九三七）[M]. 臺北：國史館，1986.

[87] 周葆鑾. 中華銀行史 [M]. 臺北：文海出版社，1984.

[88] 中國銀行行史編輯委員會. 中國銀行行史（1912—1949 年）[M]. 北京：中國金融出版社，1995.

[89] 周伯棣. 白銀問題與中國貨幣政策 [M]. 上海：上海中華書局，1936.

[90] 周寂沫. 貨幣與經濟發展 [M]. 北京：中國經濟出版社，2007.

[91] 鄒宗伊. 中國戰時金融管制 [M]. 重慶：財政評論社，1943.

[92] 鄒進文. 民國財政思想史研究 [M]. 武漢：武漢大學出版社，2008.

[93] 陳新餘.「廢兩改元」：近代化的轉型及作用 [J]. 常州工學院學報，2007（5）.

[94] 陳民. 法幣發行制度與通貨膨脹 [J]. 蘇州大學學報（哲學社會科學版），2000（4）.

[95] 陳爭平. 1895—1936年中國進出口貿易值的修正及貿易平衡分析 [J]. 中國經濟史研究，1994（1）.

[96] 陳克儉. 關於1935年國民政府法幣政策評價的幾個問題 [J]. 中國經濟問題，1987（3）.

[97] 馮芸，吳衝鋒. 從波動到危機——貨幣危機研究 [J]. 世界經濟，2000（1）.

[98] 陳爭平. 1895—1936年中國國際收支與近代化中的資金供給 [J]. 中國經濟史研究，1995（4）.

[99] 馮澤培. 銀本位制對近代中國經濟的影響 [J]. 金融研究，1996（3）.

[100] 郭秀清，楊曉冬. 對1935年國民黨幣制改革的反思 [J]. 學海，2002（2）.

[101] 管漢暉. 浮動本位兌換、雙重匯率與中國經濟：1870—1900 [J]. 經濟研究，2008（8）.

[102] 賀水金. 論中國近代金銀的國際流動 [J]. 中國經濟史研究，2002（2）.

[103] 洪葭管. 1935年的幣制改革（上）[J]. 中國金融，1988（7）.

[104] 賀力平. 鴉片貿易與白銀外流關係之再檢討——兼論國內貨幣供給與對外貿易關係的歷史演變 [J]. 社會科學戰線，2007（1）.

[105] 金洪飛. 貨幣危機理論文獻綜述 [J]. 經濟學動態，2001（5）.

[106] 賀水金. 論國民政府的法幣政策 [J]. 檔案與史學，1999（6）.

[107] 胡若南，陳葉盛. 資本論中的貨幣危機理論 [J]. 蘭州學刊，2008（6）.

[108] 黃如桐. 一九三五年國民政府法幣政策概述及其評價 [J]. 近代史研究，1985（6）.

[109] 李家智. 論美國對中國國民政府幣制改革的態度 [J]. 重慶師範大學學報，（哲學社會科學版），2005（4）.

[110] 連心豪. 三十年代臺灣海峽海上走私與海關緝私 [J]. 中國社會經濟史研究，1997（3）.

[111] 金洪飛. 財政赤字、公共債務與貨幣危機 [J]. 財政研究，2004（2）.

[112] 李信. 簡論在 1935 年中國「幣制改革」問題上中日兩國的矛盾與鬥爭 [J]. 學海, 1998 (3).

[113] 劉承彬. 略論法幣政策對抗戰的作用 [J]. 鄭州大學學報（哲社版）, 1997 (6).

[114] 李育安. 國民黨政府時期的幣制改革與通貨惡性膨脹 [J]. 鄭州大學學報（哲社版）, 1996 (2).

[115] 劉楓. 國民黨政府的幣制改革及其意義 [J]. 上海經濟研究, 1991 (1).

[116] 李霞. 美國的白銀購買與中國國民政府的幣制改革 [J]. 齊齊哈爾大學學報（哲學社會科學版）, 2001 (7).

[117] 劉巍. 中國的貨幣供求與經濟增長（1927—1936 年）[J]. 中國社會經濟史研究, 2004 (1).

[118] 劉曉泉. 北洋政府內國公債發行研究 [D]. 長沙：湖南師範大學, 2008.

[119] 劉慧宇. 中央銀行與國民政府貨幣現代化改革 [J]. 民國檔案, 2002 (2).

[120] 柳蘊琪. 略論 1935 年前後帝國主義爭奪中國貨幣權的爭 [J]. 貴州社會科學, 1999 (5).

[121] 馬德鈁. 三十年代前期美國白銀政策對中國經濟的影響 [J]. 財經研究, 1989 (5).

[122] 史全生. 南京國民政府的法幣政策 [J]. 民國春秋, 1999 (3).

[123] 石濤. 廢兩改元實施經過考論 [J]. 中國錢幣, 2009 (4).

[124] 孫宅巍. 對國民黨政府三次幣制改革的綜合考察 [J]. 蘇州大學學報（哲學社會科學版）, 1990 (3).

[125] 吳玉文. 1927—1937 年南京國民政府經濟政策述評 [J]. 河南大學學報（社科版）, 1998 (5).

[126] 吳景平. 美國和 1935 年中國的幣制改革 [J]. 近代史研究, 1991 (6).

[127] 吳福紅. 南京政府幣制改革在中美關係中的作用 [J]. 青海師範大學學報（哲學社會科學版）, 2006 (3).

[128] 吳承明. 經濟學理論與經濟史研究 [J]. 經濟研究, 1995 (4).

[129] 吳景平. 英國與 1935 年的中國幣制改革 [J]. 歷史研究, 1988 (6).

[130] 謝菊曾. 1935年上海白銀風潮概述 [J]. 歷史研究, 1965 (2).

[131] 尹全洲. 論中國的法幣改革 [J]. 寧夏社會科學, 2001 (2).

[132] 姚洪卓. 1935年國民政府的幣制改革 [J]. 歷史教學, 1995 (9).

[133] 姚會元. 法幣政策與抗日戰爭 [J]. 抗日戰爭研究, 1996 (1).

[134] 姚會元. 「法幣」及其在抗戰中的歷史作用 [J]. 中國錢幣, 1997 (3).

[135] 姚會元. 論法幣改革 [J]. 學術月刊, 1997 (5).

[136] 姚會元, 孫玲. 1980年以來中國近代貨幣史研究綜述 [J]. 財經政法資訊, 2007 (4).

[137] 姚會元. 日本對華金融掠奪研究 [J]. 財經政法資訊, 2002 (4).

[138] 姚會元. 中外錢幣交流及西方銀元流入對中國貨幣近代化的影響 [J]. 福建論壇 (人文社會科學版), 2000 (6).

[139] 姚會元. 奉系軍閥統治時期的遼寧紙幣發行 [J]. 中國錢幣, 2002 (4).

[140] 姚會元. 銀行業推動近代上海市場經濟發展 [J]. 中國社會經濟史研究, 2009 (2).

[141] 顏翠芳. 1935年幣制改革的作用和影響 [J]. 安徽教育學院學報 (哲學社會科學版), 1999 (2).

[142] 於彤. 南京臨時政府的幣制金融措施 [J]. 歷史檔案, 1989 (2).

[143] 袁遠福. 法幣政策的功過及在中國貨幣史上的地位 [J]. 財經科學, 1987 (2).

[144] 張北根. 中美關於白銀和幣改問題的交涉 [J]. 北京科技大學學報 (社會科學版), 2002 (12).

[145] 張從恒. 論國民黨政府1935年的幣制改革 [J]. 江西大學學報 (社科版), 1990 (1).

[146] 王能應. 管理通貨制：20世紀30年代中國幣制改革方案的討論 [J]. 中國地質大學學報 (社會科學版), 2005 (6).

[147] 張九洲. 論近代中國的銀匯波動與對外貿易 [J]. 史學月刊, 1997 (3).

[148] 張連紅. 南京國民政府法幣政策的實施與各省地方政府的反應 [J]. 民國檔案, 2000 (2).

[149] 張偉琴, 孔維文. 論廢兩改元 [J]. 中國錢幣, 2002 (4).

[150] 鐘祥財. 舊中國的兩次幣制改革及其教訓 [J]. 改革, 1996 (4).

[151] 鄭會欣. 日本帝國主義對1935年中國幣制改革的破壞 [J]. 近代史研究, 1986 (1).

[152] 鄭會欣. 步向全面侵華戰爭前的準備——論九一八事變後日本對中國財政的破壞 [J]. 抗日戰爭研究, 2002 (3).

[153] 鄭會欣. 一九三五年幣制改革的動因及其與帝國主義的關係 [J]. 史學月刊, 1987 (1).

[154] 鄭成林. 上海銀行公會與近代中國幣制改革述評 [J]. 史學月刊, 2005 (2).

[155] 莊夢蘭. 淺論1935年南京國民政府的幣制改革 [J]. 貴州文史叢刊, 2003 (4).

[156] 周春英. 英美日三國與國民政府的幣制改革 [J]. 歷史教學, 2005 (6).

[157] 朱鎮華. 重評1935年的幣制改革 [J]. 近代史研究, 1987 (1).

[158] 諸葛達. 國民黨政府1935年的幣制改革 [J]. 浙江學刊, 1995 (4).

[159] 鐘小敏. 1935年中國幣制改革與英美日關係探析 [J]. 四川師範大學學報 (社會科學版), 1998 (7).

[160] Clower R W. Monetary Theory [M]. London: Penguin, 1969.

[161] Wei Ying Lin. China Under Depreciated Silver, 1926—1931 [M]. Shanghai: Commercial Press limited, 1935.

國家圖書館出版品預行編目（CIP）資料

20世紀30年代中國金融危機的歷史考察 / 楊森 著. -- 第一版.
-- 臺北市：崧博出版：崧燁文化發行, 2019.04
　　面；　公分
POD版

ISBN 978-957-735-776-2(平裝)

1.金融史 2.金融危機 3.中國

561.092　　　　　　　　　　　　　　　108005440

書　　名：20世紀30年代中國金融危機的歷史考察
作　　者：楊森 著
發 行 人：黃振庭
出 版 者：崧博出版事業有限公司
發 行 者：崧燁文化事業有限公司
E - m a i l：sonbookservice@gmail.com
粉絲頁：　　　　　網址：
地　　址：台北市中正區重慶南路一段六十一號八樓 815 室
8F.-815, No.61, Sec. 1, Chongqing S. Rd., Zhongzheng Dist., Taipei City 100, Taiwan (R.O.C.)
電　　話：(02)2370-3310　傳　真：(02) 2370-3210
總 經 銷：紅螞蟻圖書有限公司
地　　址：台北市內湖區舊宗路二段 121 巷 19 號
電　　話：02-2795-3656　傳真：02-2795-4100　　網址：
印　　刷：京峯彩色印刷有限公司（京峰數位）
　本書版權為西南財經大學出版社所有授權崧博出版事業股份有限公司獨家發行電子書及繁體書繁體字版。若有其他相關權利及授權需求請與本公司聯繫。

定　　價：250 元
發行日期：2019 年 04 月第一版
◎ 本書以 POD 印製發行